SURİYE MUTFAĞI: ŞAM'DAN OTANTİK TARİFLER

100 Suriye Lezzetiyle Bir Mutfak Macerası

Onur Demir

Telif Hakkı Malzemesi ©2023

Her hakkı saklıdır

Bu kitabın hiçbir bölümü, incelemede kullanılan kısa alıntılar dışında, yayıncının ve telif hakkı sahibinin uygun yazılı izni olmadan, hiçbir şekilde veya yöntemle kullanılamaz veya aktarılamaz. Bu kitap tıbbi, hukuki veya diğer profesyonel tavsiyelerin yerine geçmemelidir.

İÇİNDEKİLER

İÇİNDEKİLER 3
GİRİŞ 6
KAHVALTI 7
   1. Şakşuka 8
   2. Manoushe (Za'atar'lı Suriye Gözleme) 10
   3. Ka'ak Ekmeği 12
   4. Fatteh (Suriye Kahvaltılık Güveç) 14
   5. Suriye Gözleme 16
   6. Labneh ve Za'atar Tostu 18
DÜŞÜKLER VE SPORLAR 20
   7. Muhammara (Suriye Acı Biber Sosu) 21
   8. Baba Ganuş 23
   9. Suriye Humus 25
   10. Labne (Yoğurtlu Peynir Ezmesi) 27
   11. Çam Fıstıklı ve Zeytinyağlı Humus 29
   12. Za'atar ve Zeytinyağlı Dip 31
   13. Laban Bi Khiar (Yoğurt ve Salatalık Sosu) 33
ATIŞTIRMALIKLAR VE MEZELER 35
   14. Orta Doğu İçli köfte 36
   15. Sfiha (Suriye Etli Börek) 38
   16. Halep'ten Üzüm Yaprakları 40
   17. Soğan dolması 42
   18. Romano Biber Dolması 45
   19. Kuzu ve Çam Fıstıklı Patlıcan Dolması 48
   20. Patates dolması 51
ANA YEMEK 54
   21. Tabakh Roho (Suriye Kuzu ve Sebze Yahnisi) ..55
   22. Tahin Soslu Falafel Pide Sandviç 58
   23. Narlı Kişnişli Kuzu Dolmalı Ayva 60
   24. Etli Suriye Pilavı 63
   25. Baş Aşağı (Makluba) 65
   26. Dana ve Ayva 68
   27. Baharat Tavuk ve Pilav 70
   28. Kavrulmuş Tatlı Patates ve Taze İncir 73
   29. Na'ama'nın Şişmanlığı 75
   30. Közlenmiş Patlıcan ve Kızarmış Soğan 77
   31. Za'atarlı kavrulmuş balkabağı 79
   32. Bakla Fasulyesi Gugu 81
   33. Limonlu pırasa köftesi 84
   34. Bulgurlu ve Yoğurtlu Chermoula Patlıcan 86
   35. Tahinli kızarmış karnabahar 89
   36. Tahinli, Yoğurtlu, Çam Fıstıklı Pazı 91
   37. Kofta B'siniyah 93
   38. Sabih 96

39. Buğday Çilekleri, Pazı ve Nar Pekmezi 99
40. Balila 101
41. Kızamıklı ve Fıstıklı Safranlı Pilav 103
42. Tavuk Sofrito 105
43. Nohutlu ve Kuş Üzümlü Yabani Pirinç 108
44. Nar Çekirdekli Közlenmiş Patlican 111
45. Marine Edilmiş Beyaz Peynirli Arpalı Risotto 113
46. Yoğurtlu, Bezelyeli ve Şilili Conchiglie 115
47. Klementinli Kavrulmuş Tavuk 117
48. Mejadra 119
49. Domatesli ve Soğanlı Kuskus 122
50. Harissa ve Güllü Tavada Levrek 124
51. Domatesli ve Beyaz Peynirli Karides, Deniz Tarağı ve İstiridye 127
52. Kayısı ve Demirhindi ile Kavrulmuş Bildircin 129
53. Freekeh ile Haşlanmış Tavuk 131
54. Soğanlı ve Kakuleli Pilavlı Tavuk 134
55. Baklalı Limonlu Dana Köfte 137
56. Kızamık, Yoğurt ve Otlu Kuzu Köfte 140
57. Polpetton 143
58. Kuzu Shawarma 146
59. Chraimeh Soslu Somon Biftek 149
60. Marine Edilmiş Tatlı Ekşi Balık 151

GARNİTÜR VE SALATALAR 154
61. Suriye Spagetti 155
62. Ters Patlican 157
63. Kavrulmuş Karnabahar ve Fındık Salatası 159
64. Fricassee Salatası 161
65. Fasoliyyeh Bi Z-Zayt (Zeytinyağlı Yeşil Fasulye) 164
66. Safranlı Tavuk ve Ot Salatası 166
67. Labneli Kök Sebze Salatası 169
68. Suriye Ekmek Salatası 171
69. Tabbul 173
70. Salatat Banadora (Suriye Domates Salatası) 175
71. Karışık Fasulye Salatası 177
72. Alabaş Salatası 179
73. Baharatlı Nohut ve Sebze Salatası 181
74. Baharatlı Pancar, Pırasa ve Ceviz Salatası 184
75. Bol Kabak ve Domates Salatası 187
76. Maydanoz ve Arpa Salatası 189
77. Fattuş Salatası 191
78. Baharatlı Havuç Salatası 193

ÇORBALAR 195
79. Gül Suyuyla Tere ve Nohut Çorbası 196
80. Sıcak Yoğurt ve Arpa Çorbası 198
81. Cannellini Fasulyesi ve Kuzu Çorbası 200
82. Deniz Ürünleri ve Rezene Çorbası 203

83. FISTIK ÇORBASI 206
84. YANIK PATLICAN VE MOGRABİEH ÇORBASI 208
85. DOMATES VE EKŞİ MAYA ÇORBASI 211
86. KNAİDLACHLI TEMİZ TAVUK ÇORBASI 213
87. KÖFTELİ BAHARATLI FREEKEH ÇORBASI 216

TATLI **219**
   88. HURMALI MAMUL 220
   89. SURİYE NAMORA 223
   90. SURİYE HURMALI BROWNİE 225
   91. BAKLAVA 228
   92. HALAWET EL JİBN (SURİYE TATLI PEYNİRLİ RULOLAR) 230
   93. BASBUSA (İRMİK KEK) 232
   94. ZNOUD EL SİT (SURİYE KREMALI BÖREĞİ) 234
   95. MAFROUKEH (İRMİK VE BADEM TATLISI) 236
   96. KIRMIZI BİBERLİ VE FIRINDA YUMURTALI GALETTE 238
   97. BİTKİLİ TURTA 241
   98. BUREKAS 244
   99. GARYBE 247
   100. MÜTEBBÂK 249

SONUÇ **251**

GİRİİŞ

Sizi Suriye mutfağının zengin dokusuyla bir mutfak yolculuğuna davet ettiğimiz "Suriye Mutfağı: Şam'dan Otantik Tarifler"in keyifli dünyasına hoş geldiniz. Hikayeli geçmişi ve aynı derecede canlı yemek ortamıyla ünlü bir şehir olan Şam'ın tarihi ve kültürel çeşitliliğini yansıtan lezzetlere kendinizi kaptırın.

Özenle seçilmiş bu koleksiyonda, Şam'ın mutfak mirasının özünü özetleyen 100 otantik Suriye lezzetinden oluşan bir ziyafeti gururla sunuyoruz. Her yemek, Akdeniz, Orta Doğu ve Levanten etkilerinin şekillendirdiği geleneklere kısa bir bakış sunan benzersiz bir anlatı taşıyor. Bu tarifler arasında gezindikçe Suriye mutfağının sadece yemekten ibaret olmadığını keşfedeceksiniz; bölgenin bereketli lezzetlerinin ve yüzyıllar boyunca bu mutfak geleneklerini yaratan insanların kutlandığı bir kutlamadır.

Suriye mutfağının kalbi, aromatik baharatların ve özenle seçilmiş bitkilerin tazeliğinin uyumlu karışımında yatmaktadır. Görkemli güveçlerden leziz tatlılara kadar bu koleksiyondaki her tarif, dünyanın bu büyüleyici köşesinde bulunan lezzet bolluğunun bir kanıtıdır.

Açık fikirlilikle ve basit ama lezzetli malzemeleri birleştirme sanatını keşfetme isteğiyle bu mutfak yolculuğuna çıkın. İster deneyimli bir şef, ister mutfakta acemi olun, tariflerimiz erişilebilir olacak şekilde özenle hazırlanmış olup, Şam'ın otantik lezzetini kendi evinizde yeniden yaratma sürecinde size rehberlik etmektedir.

Bu yemekler, baştan çıkarıcı aromaların ve enfes lezzetlerin ötesinde, Suriye kültürünün derinliklerine işlemiş olan sıcaklığın ve misafirperverliğin bir yansımasıdır. Bu tarifleri hazırlayıp tadını çıkarırken sadece yemek yapmıyorsunuz; Birlikte ekmek bölme eyleminin getirdiği neşeyi ve dostluğu paylaşarak kültürel bir alışverişe katılıyorsunuz.

O halde malzemelerinizi toplayın, macera ruhunu kucaklayın ve Suriye mutfağının kalbine yolculuk başlasın. Mutfağınız, paylaşılan anların kahkahaları ve Şam'ın özgün lezzetlerinin karşı konulmaz aromasıyla dolsun.

KAHVALTI

1.Şakşuka

İÇİNDEKİLER:
- 2 yemek kaşığı zeytinyağı
- 1 soğan, ince doğranmış
- 2 biber, doğranmış
- 3 diş sarımsak, kıyılmış
- 1 kutu (28 oz) ezilmiş domates
- 1 çay kaşığı öğütülmüş kimyon
- 1 çay kaşığı öğütülmüş kırmızı biber
- Tatmak için biber ve tuz
- 4-6 yumurta
- Garnitür için taze maydanoz

TALİMATLAR:
a) Büyük bir tavada zeytinyağını orta ateşte ısıtın.
b) Soğanları ve biberleri yumuşayana kadar soteleyin.
c) Kıyılmış sarımsak ekleyin ve bir dakika daha pişirin.
ç) Ezilmiş domatesleri dökün ve kimyon, kırmızı biber, tuz ve karabiberle tatlandırın. Sos koyulaşıncaya kadar yaklaşık 10-15 dakika pişirin.
d) Sosta küçük çukurlar açıp içine yumurtaları kırın.
e) Tavayı kapatın ve yumurtalar istediğiniz gibi haşlanıncaya kadar pişirin.
f) Taze maydanozla süsleyip ekmekle servis yapın.

2.Manoushe (Za'atar'lı Suriye Gözleme)

İÇİNDEKİLER:
- Pizza hamuru veya gözleme hamuru
- Za'atar baharat karışımı
- Zeytin yağı
- İsteğe bağlı: Daldırma için labne veya yoğurt

TALİMATLAR:
a) Pizza veya gözleme hamurunu ince yuvarlak bir şekilde açın.
b) Hamurun üzerine bol miktarda zeytinyağı sürün.
c) Za'atar baharat karışımını hamurun üzerine eşit şekilde serpin.
ç) Kenarları altın ve gevrek oluncaya kadar fırında pişirin.
d) İsteğe bağlı: Daldırma için labne veya yoğurtla servis yapın.

3.Ka'ak Ekmeği

İÇİNDEKİLER:
- 4 su bardağı çok amaçlı un
- 1 yemek kaşığı şeker
- 1 çay kaşığı tuz
- 1 yemek kaşığı aktif kuru maya
- 1 1/2 su bardağı ılık su
- Üzeri için susam tohumları

TALİMATLAR:
a) Büyük bir kapta un, şeker ve tuzu birleştirin.
b) Ayrı bir kapta mayayı ılık suda eritip 5 dakika kadar köpürene kadar bekletin.
c) Mayalı karışımı unlu karışıma ekleyip pürüzsüz bir hamur elde edene kadar yoğurun.
ç) Hamuru küçük toplara bölün ve her birine yuvarlak veya oval ekmek şekli verin.
d) Şekil verdiğiniz ekmeği fırın tepsisine yerleştirin, üzerine fırçayla su sürün ve üzerine susam serpin.
e) Önceden ısıtılmış 375°F (190°C) fırında altın rengi oluncaya kadar pişirin.

4.Fatteh (Suriye Kahvaltılık Güveç)

İÇİNDEKİLER:
- 2 su bardağı pişmiş nohut
- 2 su bardağı sade yoğurt
- 2 diş sarımsak, kıyılmış
- 1 bardak kızarmış gözleme parçaları (pide veya Lübnan ekmeği)
- 1/4 bardak çam fıstığı, kızartılmış
- 2 yemek kaşığı sade tereyağı (ghee)
- Tatmak için öğütülmüş kimyon
- Tatmak için biber ve tuz

TALİMATLAR:
a) Servis tabağına kızarmış gözleme parçalarını dizin.
b) Bir kapta yoğurdu kıyılmış sarımsak, tuz ve karabiberle karıştırın. Ekmeğin üzerine yayın.
c) Üzerine pişmiş nohut serpin.
ç) Üzerine sade tereyağını gezdirin ve üzerine kavrulmuş çam fıstığı ve öğütülmüş kimyon serpin.
d) Doyurucu ve lezzetli bir kahvaltı güveci olarak sıcak servis yapın.

5.Suriyeli Flatb oku

İÇİNDEKİLER:
- 1 11/16 su bardağı su
- 2 yemek kaşığı bitkisel yağ
- ½ çay kaşığı beyaz şeker
- 1 ½ çay kaşığı tuz
- 3 su bardağı çok amaçlı un
- 1 ½ çay kaşığı aktif kuru maya

TALİMATLAR:
a) Malzemeleri, üreticinin önerdiği sıraya göre ekmek makinesinin tavasına yerleştirin.
b) Ekmek makinenizde Hamur döngüsünü seçin ve Başlat'a basın.
c) Hamur döngüsü neredeyse tamamlandığında fırını 245 derece C'ye (475 derece F) ısıtın.
ç) Hamuru hafifçe unlanmış bir yüzeye çevirin.
d) Hamuru sekiz eşit parçaya bölüp yuvarlaklar yapın.
e) Yuvarlakların üzerini nemli bir bezle örtüp dinlenmeye bırakın.
f) Her hamuru yuvarlak olarak yaklaşık 8 inç çapında ince, düz bir daireye yuvarlayın.
g) Önceden ısıtılmış fırın tepsileri veya fırın taşı üzerinde, şişip altın rengi kahverengiye dönene kadar, yaklaşık 5 dakika boyunca iki tur pişirin.
ğ) Geri kalan ekmekler için işlemi tekrarlayın.
h) Suriye ekmeğini sıcak olarak servis edin ve öğle veya akşam yemeğinde çok yönlülüğünün tadını çıkarın.

6.Labneh ve Za'atar Tostu

İÇİNDEKİLER:
- Labne (süzme yoğurt)
- Za'atar baharat karışımı
- Zeytin yağı
- Pide ekmeği veya çıtır ekmek

TALİMATLAR:
a) Kızartılmış pide ekmeğinin veya en sevdiğiniz çıtır ekmeğin üzerine bol miktarda labneyi sürün.
b) Za'atar baharat karışımını serpin.
c) Zeytinyağı gezdirin.
ç) Açık yüzlü sandviç olarak servis yapın veya daha küçük parçalar halinde kesin.

DÜŞÜKLER VE SPORLAR

7. Muhammara (Suriye Acı Biber Sosu)

İÇİNDEKİLER:
- 2 adet tatlı biber, çekirdekleri çıkarılmış ve dörde bölünmüş
- 3 dilim tam buğday ekmeği, kabukları alınmış
- ¾ bardak kavrulmuş ceviz, doğranmış
- 2 yemek kaşığı limon suyu
- 2 yemek kaşığı Halep biberi
- 2 çay kaşığı nar pekmezi
- 1 diş sarımsak, kıyılmış
- 1 çay kaşığı kimyon tohumu, iri öğütülmüş
- Tatmak için tuz
- ½ su bardağı zeytinyağı
- 1 tutam sumak tozu

TALİMATLAR:
a) Fırın rafını ısı kaynağından yaklaşık 6 inç uzağa yerleştirin ve fırının ızgarasını önceden ısıtın.
b) Bir fırın tepsisini alüminyum folyo ile hizalayın.
c) Biberleri kesilmiş tarafları aşağı gelecek şekilde hazırlanan fırın tepsisine yerleştirin.
ç) Biberlerin derisi kararıncaya ve kabarıncaya kadar, yaklaşık 5 ila 8 dakika, önceden ısıtılmış piliç altında kızartın.
d) Ekmek dilimlerini ekmek kızartma makinesinde kızartıp soğumaya bırakın.
e) Kızartılmış ekmeği tekrar kapatılabilir bir plastik torbaya koyun, havasını sıkın, torbayı kapatın ve kırıntı oluşturmak için oklava ile ezin.
f) Közlenmiş biberleri bir kaseye aktarın ve plastik ambalajla sıkıca kapatın.
g) Biberlerin kabukları çözülene kadar yaklaşık 15 dakika bekletin.
ğ) Derileri çıkarın ve atın.
h) Soyulmuş biberleri çatal yardımıyla ezin.
ı) Mutfak robotunda biber püresi, galeta unu, kavrulmuş ceviz, limon suyu, Halep biberi, nar pekmezi, sarımsak, kimyon ve tuzu birleştirin.
i) En düşük ayarda çalıştırmadan önce karışımı birkaç kez karıştırıp karıştırın.
j) Tamamen entegre olana kadar harmanlanırken zeytinyağını yavaşça biber karışımına akıtın.
k) Muhammara karışımını servis tabağına aktarın.
l) Servis yapmadan önce karışımın üzerine sumak serpin.

8.Baba ghanoush

İÇİNDEKİLER:
- 4 büyük İtalyan patlıcan
- 2 diş ezilmiş sarımsak
- 2 çay kaşığı koşer tuzu veya tadı
- 1 limon, suyu sıkılmış veya tadı daha fazla
- 3 yemek kaşığı tahin veya isteğe göre daha fazlası
- 3 yemek kaşığı sızma zeytinyağı
- 2 yemek kaşığı sade Yunan yoğurdu
- 1 tutam acı biber veya tadı
- 1 yaprak taze nane, kıyılmış (İsteğe bağlı)
- 2 yemek kaşığı doğranmış taze İtalyan maydanozu

TALİMATLAR:
a) Orta-yüksek ısı için açık hava ızgarasını önceden ısıtın ve ızgarayı hafifçe yağlayın.
b) Patlıcan kabuğunun yüzeyini bıçağın ucuyla birkaç kez delin.
c) Patlıcanları doğrudan ızgaraya yerleştirin. Cildiniz kömürleşirken maşayla sık sık çevirin.
ç) Patlıcanlar çökene ve çok yumuşak olana kadar yaklaşık 25 ila 30 dakika pişirin.
d) Bir kaseye aktarın, alüminyum folyoyla sıkıca kapatın ve yaklaşık 15 dakika soğumaya bırakın.
e) Patlıcanlar elle tutulabilecek kadar soğuduğunda ikiye bölün ve etini bir kasenin üzerine yerleştirilmiş bir kevgir içine kazıyın.
f) 5 veya 10 dakika kadar süzün.
g) Patlıcanı bir karıştırma kabına aktarıp ezilmiş sarımsağı ve tuzu ekleyin.
ğ) Kremsi ama biraz dokulu olana kadar yaklaşık 5 dakika ezin.
h) Limon suyu, tahin, zeytinyağı ve kırmızı biberi çırpın.
ı) Yoğurtla karıştırın.
i) Kaseyi plastik ambalajla örtün ve tamamen soğuyuncaya kadar yaklaşık 3 veya 4 saat buzdolabında saklayın.
j) Baharatları ayarlamak için tadın.
k) Servis yapmadan önce kıyılmış nane ve kıyılmış maydanozu ekleyip karıştırın.

9.Suriye Humus

İÇİNDEKİLER:

- 5 diş soyulmamış sarımsak
- 2 yemek kaşığı sızma zeytinyağı, bölünmüş
- 1 (15 ons) kutu garbanzo fasulyesi, süzülmüş
- ½ su bardağı tahin
- ⅓ bardak taze limon suyu
- 1 çay kaşığı öğütülmüş kimyon
- 1 çay kaşığı tuz

TALİMATLAR:

a) Fırını önceden 450 derece F'ye (230 derece C) ısıtın.
b) Soyulmamış sarımsak dişlerini büyük bir kare alüminyum folyonun ortasına yerleştirin.
c) Karanfilleri 1 yemek kaşığı zeytinyağıyla gezdirin ve folyoya sarın.
ç) Önceden ısıtılmış fırında sarımsaklar altın rengine dönene kadar 10 ila 15 dakika kadar kızartın.
d) Fırından çıkarın ve kavrulmuş sarımsağın 5 ila 10 dakika soğumasını bekleyin.
e) Kavrulmuş sarımsakları kabuklarından bir mutfak robotuna sıkın.
f) Süzülmüş garbanzo fasulyesini, tahini, taze limon suyunu, çekilmiş kimyonu, tuzu ve kalan 1 yemek kaşığı zeytinyağını mutfak robotuna ekleyin.
g) Karışım çok kremsi hale gelinceye kadar malzemeleri işleyin.
ğ) Suriye Humusunu servis kasesine aktarın.
h) İsteğe bağlı olarak üzerine ilave zeytinyağı gezdirin ve bir tutam kimyon serpin.
ı) Pide ekmeği, sebzeler veya en sevdiğiniz daldırma seçenekleriyle servis yapın.

10. Labne (Yoğurtlu Peynir Ezmesi)

İÇİNDEKİLER:
- 2 su bardağı sade yoğurt
- 1/2 çay kaşığı tuz
- Üzerine sürmek için zeytinyağı
- Kıyılmış taze otlar (nane veya kekik gibi)

TALİMATLAR:
a) Yoğurdu tuzla karıştırıp bir kasenin üzerindeki tülbent kaplı süzgecin içine koyun.
b) Yoğurdun buzdolabında en az 24 saat veya kalın, krem peynir benzeri bir kıvama gelinceye kadar süzülmesine izin verin.
c) Labneyi servis tabağına alın, üzerine zeytinyağı gezdirin ve üzerine taze otlar serpin.

11.Çam Fıstıklı ve Zeytinyağlı Humus

İÇİNDEKİLER:
- 1 kutu (15 oz) nohut, süzülmüş ve durulanmış
- 1/4 su bardağı tahin
- 1/4 su bardağı zeytinyağı
- 2 diş sarımsak, kıyılmış
- 1 limonun suyu
- Tatmak için tuz
- Süslemek için çam fıstığı ve ekstra zeytinyağı

TALİMATLAR:
a) Mutfak robotunda nohut, tahin, zeytinyağı, sarımsak, limon suyu ve tuzu birleştirin.
b) Pürüzsüz olana kadar karıştır.
c) Servis kasesine aktarın, üzerine ekstra zeytinyağı gezdirin ve üzerine çam fıstığı serpin.

12.Za'atar ve Zeytinyağı Sosu

İÇİNDEKİLER:
- 3 yemek kaşığı za'atar baharat karışımı
- 1/4 su bardağı zeytinyağı
- Servis için pide ekmeği

TALİMATLAR:
a) Küçük bir kapta za'atar'ı zeytinyağıyla karıştırarak kalın bir macun oluşturun.
b) Taze veya kızarmış pide ekmeği ile sos olarak servis yapın.

13.Laban Bi Khiar (Yoğurt ve Salatalık Sosu)

İÇİNDEKİLER:
- 1 bardak Yunan yoğurdu
- 1 salatalık, ince doğranmış
- 2 diş sarımsak, kıyılmış
- 2 yemek kaşığı taze nane, doğranmış
- Tatmak için biber ve tuz
- Üzerine sürmek için zeytinyağı

TALİMATLAR:
a) Yunan yoğurdu, doğranmış salatalık, kıyılmış sarımsak ve doğranmış naneyi bir kasede karıştırın.
b) Tuz ve karabiberle tatlandırın.
c) Servis yapmadan önce üzerine zeytinyağı gezdirin.

ATIŞTIRMALIKLAR VE MEZELER

14.Orta Doğu İçli köfte

İÇİNDEKİLER:
- 2/3 su bardağı orta iri bulgur
- 1 su bardağı taze nane yaprağı
- 1 büyük soğan, doğranmış
- 1 çay kaşığı öğütülmüş kimyon
- 1 çay kaşığı öğütülmüş yenibahar
- 1 çay kaşığı tuz
- 1/2 çay kaşığı öğütülmüş karabiber
- 1 1/2 pound yağsız öğütülmüş kuzu
- 3 yemek kaşığı zeytinyağı

TALİMATLAR:
a) Bulguru mikrodalgaya dayanıklı bir kaseye koyun ve bulgurun üstüne kadar su ile kaplayın.
b) Bulgur şişene ve su emilene kadar 1 ila 2 dakika Yüksek ayarda mikrodalgada tutun.
c) Kısaca atın ve soğuyana kadar bekletin.
ç) Nane yapraklarını mutfak robotunun kasesine yerleştirin.
d) Doğranmış soğanı yavaş yavaş besleme borusundan ekleyin, hem nane hem de soğan ince bir şekilde doğranana kadar işleyin.
e) Nane-soğan karışımını soğutulmuş bulgurun içine karıştırın.
f) Öğütülmüş kimyonu, yenibaharı, tuzu ve karabiberi ekleyin. İyice karıştırın.
g) Bulgur karışımını öğütülmüş kuzu etiyle birleştirerek iyice karışmasını sağlayın.
ğ) Kuzu karışımını nemli ellerle avuç içi büyüklüğünde küçük köfteler halinde şekillendirin.
h) Zeytinyağını bir tavada orta ateşte ısıtın.
ı) İçli köfte köftelerini ekleyin ve dış kısmı altın rengi kahverengi olana ve ortası tamamen pişene kadar bir kez çevirerek pişirin. Bu her iki tarafta da yaklaşık 6 dakika sürmelidir.
i) Geleneksel Orta Doğu lezzeti için içli köfte köftelerini susam ezmesi olan tahinle servis edin.

15.Sfiha (Suriye Etli Turtalar)

İÇİNDEKİLER:
- Pizza hamuru veya gözleme hamuru
- 1/2 lb. kıyma kuzu veya sığır eti
- 1 soğan, ince doğranmış
- 2 domates, doğranmış
- 2 yemek kaşığı nar pekmezi
- 1 çay kaşığı öğütülmüş tarçın
- Tatmak için biber ve tuz
- Fırçalamak için zeytinyağı

TALİMATLAR:
a) Bir tavada kıymayı doğranmış soğanla birlikte rengi dönene kadar kavurun.
b) Doğranmış domatesi, nar pekmezini, toz tarçını, tuzu ve karabiberi ekleyin. Karışım kalınlaşana kadar pişirin.
c) Pizza veya gözleme hamurunu açın ve küçük daireler halinde kesin.
ç) Her dairenin ortasına birer kaşık et karışımından koyun.
d) Küçük, açık yüzlü bir pasta oluşturmak için kenarları katlayın.
e) Zeytinyağı sürün ve altın kahverengi olana kadar pişirin.

16.Üzüm Halep Yaprakları

İÇİNDEKİLER:
- 1 su bardağı pişmemiş beyaz pirinç
- 2 kilo kıyma kuzu
- 1 yemek kaşığı öğütülmüş yenibahar
- 1 çay kaşığı tuz
- 1 çay kaşığı öğütülmüş karabiber
- 2 (16 ons) kavanoz üzüm yaprağı, süzülmüş ve durulanmış
- 6 diş sarımsak, dilimlenmiş
- 1 bardak limon suyu
- 2 kalamata zeytin (İsteğe bağlı)

TALİMATLAR:
a) Pirinci soğuk suda ıslatıp süzün.
b) Büyük bir kapta kıymayı, ıslatılmış ve süzülmüş pirinci, yenibaharı, tuzu ve karabiberi birleştirin. İyice karışana kadar karıştırın.
c) Bir üzüm yaprağı alın ve her yaprağın ortasına et karışımından yaklaşık 1 çorba kaşığı koyun.
ç) Yaprağı bir kez katlayın, her iki taraftaki kenarları içe doğru çevirin ve ardından yaprağı kapalı olarak yuvarlayın.
d) Sardığınız üzüm yapraklarını geniş bir tencereye dizin.
e) Her katmanın arasına sarımsak dilimleri yerleştirin.
f) Ruloların üzerini kaplayacak kadar su ekleyin.
g) Tenceredeki üzüm yapraklarının üzerine limon suyunu dökün.
ğ) İsteğe bağlı olarak ilave lezzet için tencereye kalamata zeytinleri ekleyin.
h) Üzüm yaprağı rulolarının suya batmasını önlemek için üzerine bir tabak yerleştirin.
ı) Tencereyi kaynatın, ardından ısıyı en aza indirin.
i) Kapağını kapatıp 1 saat 15 dakika pişirin.
j) Pişmişlik için pirincin tadına bakın. Üzüm yaprakları lezzeti arttırmak için birkaç saat bekletilebilir.
k) Halep Üzüm Yapraklarını servis edin ve Suriye Halep'ten gelen leziz lezzetlerin tadını çıkarın.

17. Soğan dolması

İÇİNDEKİLER:
- 4 büyük soğan (toplamda 2 lb / 900 g, soyulmuş ağırlık) yaklaşık 1⅔ bardak / 400 ml sebze suyu
- 1½ yemek kaşığı nar pekmezi
- tuz ve taze çekilmiş karabiber
- İSTİFLEME
- 1½ yemek kaşığı zeytinyağı
- 1 su bardağı / 150 gr ince doğranmış arpacık soğan
- ½ bardak / 100 gr kısa taneli pirinç
- ¼ bardak / 35 gr çam fıstığı, ezilmiş
- 2 yemek kaşığı doğranmış taze nane
- 2 yemek kaşığı kıyılmış düz yapraklı maydanoz
- 2 çay kaşığı kuru nane
- 1 çay kaşığı öğütülmüş kimyon
- ⅛ çay kaşığı öğütülmüş karanfil
- ¼ çay kaşığı öğütülmüş yenibahar
- ¾ çay kaşığı tuz
- ½ çay kaşığı taze çekilmiş karabiber
- 4 dilim limon (isteğe bağlı)

TALİMATLAR:
a) Soğanların üst ve kuyruk kısımlarını yaklaşık 0,5 cm soyun ve kesin, doğranmış soğanları bol suyla büyük bir tencereye koyun, kaynatın ve 15 dakika pişirin. Süzün ve soğuması için bir kenara koyun.

b) İç harcını hazırlamak için orta boy bir tavada zeytinyağını orta-yüksek ateşte ısıtın ve arpacık soğanları ekleyin. Sık sık karıştırarak 8 dakika soteleyin, ardından limon dilimleri hariç kalan tüm malzemeleri ekleyin. Isıyı en aza indirin ve 10 dakika kadar pişirmeye ve karıştırmaya devam edin.

c) Küçük bir bıçak kullanarak, soğanın üst kısmından alt kısmına kadar, ortasına kadar uzanan uzun bir kesim yapın, böylece her soğan katmanında yalnızca bir yarık geçer. Çekirdeğe ulaşana kadar soğan katmanlarını birbiri ardına yavaşça ayırmaya başlayın. Bazı katmanlar soyulma sırasında biraz yırtılırsa endişelenmeyin; bunları hâlâ kullanabilirsiniz.

ç) Bir elinize bir kat soğan tutun ve soğanın yarısına yaklaşık 1 çorba kaşığı pirinç karışımını kaşıkla, dolguyu açıklığın bir ucuna yakın bir yere yerleştirin. Daha fazla doldurmaya çalışmayın çünkü güzel ve sıkı bir şekilde sarılması gerekiyor. Soğanın boş tarafını dolmanın üzerine katlayıp sıkıca sarın, böylece pirinç birkaç kat soğanla kaplanacak ve ortası hava kalmayacak. Kapağı olan orta boy bir tavaya, dikiş tarafı aşağı bakacak şekilde yerleştirin ve kalan soğan ve pirinç karışımıyla devam edin. Soğanları tavaya yan yana dizin, böylece hareket edecek yer kalmaz. Boşlukları soğanın doldurulmamış kısımlarıyla doldurun. Nar pekmezi ile birlikte soğanların dörtte üçünü kaplayacak kadar et suyu ekleyin ve ¼ çay kaşığı tuzla baharatlayın.

d) Tavayı kapatın ve mümkün olan en düşük ateşte, sıvı buharlaşana kadar 1½ ila 2 saat pişirin. Dilerseniz ılık veya oda sıcaklığında limon dilimleri ile servis yapın.

18.Romano Biber Dolması

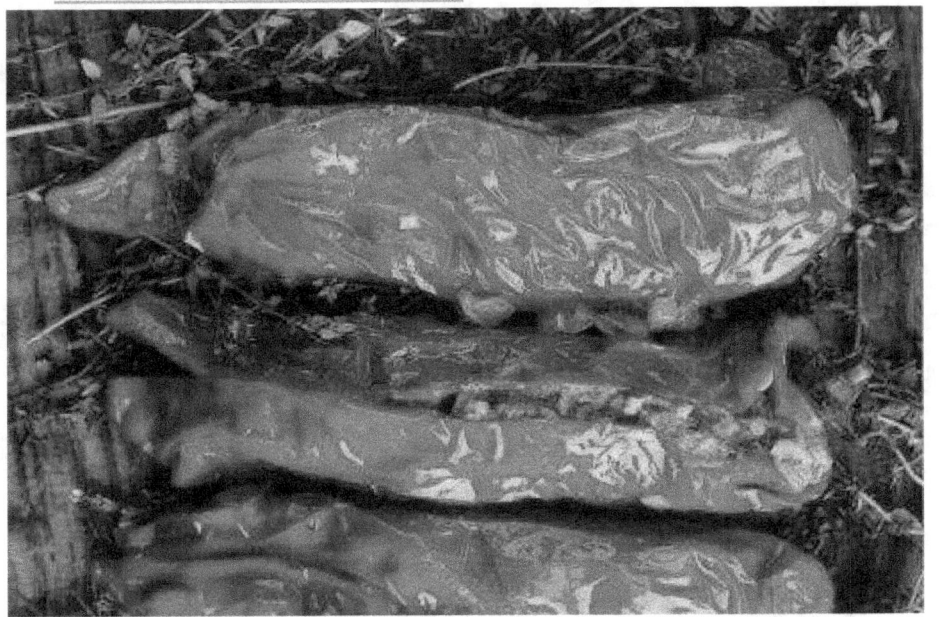

İÇİNDEKİLER:
- 8 orta boy Romano veya diğer tatlı biber
- 1 büyük domates, iri doğranmış (1 su bardağı / toplam 170 gr)
- 2 orta boy soğan, iri doğranmış (1⅔ bardak / toplam 250 g)
- yaklaşık 2 su bardağı / 500 ml sebze suyu
- İSTİFLEME
- ¾ su bardağı / 140 gr basmati pirinci
- 1½ yemek kaşığı baharat baharat karışımı (mağazadan satın alındı veya tarife bakın)
- ½ çay kaşığı öğütülmüş kakule
- 2 yemek kaşığı zeytinyağı
- 1 büyük soğan, ince doğranmış (1⅓ bardak / toplam 200 gr)
- 14 oz / 400 gr kıyma kuzu
- 2½ yemek kaşığı kıyılmış düz yapraklı maydanoz
- 2 yemek kaşığı kıyılmış dereotu
- 1½ yemek kaşığı kuru nane
- 1½ çay kaşığı şeker
- tuz ve taze çekilmiş karabiber

TALİMATLAR:

a) Doldurmayla başlayın. Pirinci bir tencereye koyun ve üzerini hafif tuzlu suyla örtün. Kaynatın ve ardından 4 dakika pişirin. Süzün, soğuk su altında tazeleyin ve bir kenara koyun.

b) Baharatları bir tavada iyice kavurun. Zeytinyağı ve soğanı ekleyip, sık sık karıştırarak, soğan yumuşayana kadar yaklaşık 7 dakika kızartın. Bunu pirinç, et, otlar, şeker ve 1 çay kaşığı tuzla birlikte büyük bir karıştırma kabına dökün. Her şeyi iyice karıştırmak için ellerinizi kullanın.

c) Sap ucundan başlayarak, küçük bir bıçak kullanarak her bir biberi sapı çıkarmadan dörtte üç oranında uzunlamasına keserek uzun bir açıklık oluşturun. Biberleri fazla zorlamadan çekirdeklerini çıkarın ve her bir biberin içine eşit miktarda karışımdan doldurun.

ç) Doğranmış domatesi ve soğanı, kapağını sıkıca kapattığınız çok büyük bir tavaya koyun. Biberleri üst üste dizin, birbirine yakın şekilde yerleştirin ve biberlerin kenarlarından 1 cm yukarıya gelecek şekilde yeterli miktarda et suyunu dökün. ½ çay kaşığı tuz ve biraz karabiber ile tatlandırın. Tavayı bir kapakla kapatın ve mümkün olan en düşük ateşte bir saat pişirin. Doldurmanın sadece buharda pişirilmesi önemlidir, bu nedenle kapağın sıkıca oturması gerekir; Tavanın dibinde her zaman bir miktar sıvı olduğundan emin olun. Biberleri sıcak değil, ılık veya oda sıcaklığında servis edin.

19. Kuzu ve Çam Fıstıklı Patlıcan Dolması

İÇİNDEKİLER:
- 4 orta boy patlıcan (yaklaşık 2½ lb / 1,2 kg), uzunlamasına ikiye bölünmüş
- 6 yemek kaşığı / 90 ml zeytinyağı
- 1½ çay kaşığı öğütülmüş kimyon
- 1½ yemek kaşığı tatlı kırmızı biber
- 1 yemek kaşığı öğütülmüş tarçın
- 2 orta boy soğan (toplamda 12 oz / 340 g), ince doğranmış
- 1 lb / 500 gr öğütülmüş kuzu
- 7 yemek kaşığı / 50 gr çam fıstığı
- ⅔ oz / 20 gr düz yapraklı maydanoz, doğranmış
- 2 çay kaşığı domates salçası
- 3 çay kaşığı ince şeker
- ⅔ su bardağı / 150 ml su
- 1½ yemek kaşığı taze sıkılmış limon suyu
- 1 çay kaşığı demirhindi ezmesi
- 4 tarçın çubuğu
- tuz ve taze çekilmiş karabiber

TALİMATLAR:

a) Fırını önceden 425°F / 220°C'ye ısıtın.

b) Patlıcan yarımlarını, kabukları aşağı bakacak şekilde, rahatça sığacak kadar büyük bir kızartma tavasına yerleştirin. Eti 4 yemek kaşığı zeytinyağıyla fırçalayın ve 1 çay kaşığı tuz ve bol karabiberle tatlandırın. Altın kahverengi olana kadar yaklaşık 20 dakika kızartın. Fırından çıkarın ve hafifçe soğumasını bekleyin.

c) Patlıcanlar pişerken kalan 2 yemek kaşığı zeytinyağını geniş bir tavada ısıtarak iç harcını yapmaya başlayabilirsiniz. Kimyonu, kırmızı biberi ve tarçını karıştırın ve bu baharat karışımının yarısını soğanlarla birlikte tavaya ekleyin. Orta-yüksek ateşte sık sık karıştırarak yaklaşık 8 dakika pişirin, üzerine kuzu eti, çam fıstığı, maydanoz, salça, 1 çay kaşığı şeker, 1 çay kaşığı tuz ve biraz karabiber ekleyin. Et pişene kadar 8 dakika daha pişirmeye ve karıştırmaya devam edin.

ç) Geriye kalan baharat karışımını bir kaseye koyun ve üzerine su, limon suyu, demirhindi, kalan 2 çay kaşığı şeker, çubuk tarçın ve ½ çay kaşığı tuzu ekleyin; iyice karıştırın.

d) Fırın sıcaklığını 375°F / 195°C'ye düşürün. Baharat karışımını patlıcan kızartma tavasının tabanına dökün. Kuzu karışımını her patlıcanın üzerine kaşıkla dökün. Tavayı alüminyum folyo ile sıkıca kapatın, fırına geri dönün ve 1½ saat kızartın; bu noktada patlıcanlar tamamen yumuşamış ve sos koyulaşmış olacaktır; Pişirme sırasında iki kez folyoyu çıkarın ve patlıcanların üzerine sos sürün, sos kurursa biraz su ekleyin. Sıcak değil, ılık veya oda sıcaklığında servis yapın.

20.Doldurulmuş patates

6'ya

İÇİNDEKİLER:

- 1 lb / 500 gr kıyma
- yaklaşık 2 bardak / 200 gr beyaz ekmek kırıntısı
- 1 orta boy soğan, ince doğranmış (¾ su bardağı / toplam 120 gr)
- 2 diş sarımsak, ezilmiş
- ⅔ oz / 20 gr düz yapraklı maydanoz, ince doğranmış
- 2 yemek kaşığı kekik yaprağı, doğranmış
- 1½ çay kaşığı öğütülmüş tarçın
- 2 büyük serbest gezinen yumurta, dövülmüş
- 3¼ lb / 1,5 kg orta boy Yukon Altın patates, yaklaşık 3¾ x 2¼ inç / 9 x 6 cm, soyulmuş ve uzunlamasına ikiye bölünmüş
- 2 yemek kaşığı kıyılmış kişniş
- tuz ve taze çekilmiş karabiber

DOMATES SOSU

- 2 yemek kaşığı zeytinyağı
- 5 diş sarımsak, ezilmiş
- 1 orta boy soğan, ince doğranmış (¾ su bardağı / toplam 120 gr)
- 1½ kereviz sapı, ince doğranmış (⅔ bardak / toplam 80 g)
- 1 küçük havuç, soyulmuş ve ince doğranmış (½ su bardağı / toplam 70 gr)
- 1 kırmızı şili, ince doğranmış
- 1½ çay kaşığı öğütülmüş kimyon
- 1 çay kaşığı öğütülmüş yenibahar
- bir tutam füme kırmızı biber
- 1½ çay kaşığı tatlı kırmızı biber
- 1 çay kaşığı kimyon tohumu, havan ve havan tokmağı veya baharat öğütücü ile ezilmiş
- bir adet 28 oz / 800g doğranmış domates konservesi
- 1 yemek kaşığı demirhindi ezmesi
- 1½ çay kaşığı ince şeker

TALİMATLAR:

a) Domates sosuyla başlayın. Zeytinyağını elinizdeki en geniş tavada ısıtın; bunun için ayrıca bir kapağa ihtiyacınız olacak. Sarımsak, soğan, kereviz, havuç ve şiliyi ekleyip kısık ateşte sebzeler yumuşayana kadar 10 dakika soteleyin. Baharatları ekleyin, iyice karıştırın ve 2-3 dakika pişirin. Doğranmış domatesleri, demirhindiyi, şekeri, ½ çay kaşığı tuzu ve biraz karabiberi ekleyip kaynatın. Isıdan çıkarın.

b) Patates dolması için dana eti, galeta unu, soğan, sarımsak, maydanoz, kekik, tarçın, 1 çay kaşığı tuz, biraz karabiber ve yumurtaları bir karıştırma kabına koyun. Tüm malzemeleri iyice birleştirmek için ellerinizi kullanın.

c) Her bir patates yarısını bir kavun oyacağı veya bir çay kaşığı ile oyup 1,5 cm kalınlığında bir kabuk oluşturun. Et karışımını her boşluğa doldurun, ellerinizi kullanarak patatesleri tamamen dolduracak şekilde aşağı doğru bastırın. Tüm patatesleri, et dolgusu yukarı bakacak şekilde birbirine yakın oturacak şekilde dikkatlice domates sosuna bastırın. Yaklaşık 1¼ bardak / 300 ml su veya köfteleri neredeyse sosla kaplayacak kadar su ekleyin, hafif kaynamaya getirin, tavayı bir kapakla kapatın ve en az 1 saat, hatta daha uzun süre, sos pişene kadar yavaş yavaş pişmeye bırakın. kalındır ve patatesler çok yumuşaktır. Sos yeterince koyulaşmamışsa kapağı çıkarın ve 5 ila 10 dakika kadar azaltın. Kişniş ile süslenerek sıcak veya ılık olarak servis yapın.

ANA DİL

21.Tabakh Roho (Suriye Kuzu ve Sebze Yahnisi)

İÇİNDEKİLER:
- 1 yemek kaşığı sadeyağ (sade tereyağı) (İsteğe bağlı)
- 1 kiloluk kuzu eti, küçük parçalar halinde kesilmiş

BAHARAT KARIŞIMI:
- 1 çay kaşığı öğütülmüş yenibahar
- 1/2 çay kaşığı öğütülmüş tarçın
- 1/4 çay kaşığı öğütülmüş karanfil
- 1/4 çay kaşığı öğütülmüş hindistan cevizi
- 1 tutam öğütülmüş kakule

SEBZELER:
- 2 soğan, dilimlenmiş
- 1 patates, soyulmuş ve dilimlenmiş
- 1 pound patlıcan, soyulmuş ve küp şeklinde
- 1 kiloluk kabak, kalın dilimlenmiş
- 2 kilo domates, küp şeklinde
- 1 yeşil şili biber
- Tatmak için tuz

EK OLARAK :
- 1 yemek kaşığı domates salçası
- 1/4 su bardağı su
- 6 diş sarımsak, ezilmiş
- Tatmak için tuz
- 3 yemek kaşığı kuru nane
- 1 yemek kaşığı sade yağ (sade tereyağı), eritilmiş (İsteğe bağlı)

TALİMATLAR:
a) Ghee'yi büyük bir tencerede orta-yüksek ateşte ısıtın.
b) Kuzu parçalarını ekleyin ve eşit şekilde kızarana kadar pişirin.
c) Yenibahar, tarçın, karanfil, hindistan cevizi ve kakule ile tatlandırın. İyice karıştırın.

KATLI SEBZELER:
ç) Kuzuların üzerine bir kat dilimlenmiş soğanı karıştırmadan yerleştirin.
d) Üstlerine dilimlenmiş patatesleri, küp küp patlıcanı, kalın dilimlenmiş kabakları ve küp küp domatesleri dizin.
e) Tüm sebzeler kullanılıncaya kadar katmanları tekrarlayın ve üstüne domates koyun.
f) Yeşil biberi domateslerin ortasına yerleştirin.
g) Tuzlu sezon.

SALÇA KARIŞIMI HAZIRLANIŞI:
ğ) Domates salçasını suyla seyreltin.
h) Karışımı kat kat sebzelerin üzerine dökün.
ı) Güveci kaynatın, ardından ısıyı en aza indirin.
i) 1 saat veya sebzeler yumuşayana kadar pişirin.

SARIMSAK VE NANE KARIŞIMI HAZIRLANIŞI:
j) Bir havanda havanda dövün, sarımsağı, bir tutam tuzu ve kuru naneyi birlikte ezin.
k) Tencereden aldığınız 2 yemek kaşığı sıvıyağ ile karıştırın.
l) Karışımı kaşık kaşık sebzelerin üzerine karıştırmadan dökün.
m) 5 dakika daha pişirin.
n) Tencereyi yavaşça yatırın ve katmanlarını koruyarak güvecin geniş bir kaseye veya servis tabağına kaymasını sağlayın.
o) İstenirse eritilmiş tereyağı serpin.

22.Tahin Soslu Falafel Pide Sandviç

İÇİNDEKİLER:
- 12 dondurulmuş falafel
- ¼ bardak tahin
- ¼ bardak su
- 2 yemek kaşığı limon suyu
- 2 diş sarımsak, kıyılmış
- ¼ çay kaşığı öğütülmüş kırmızı biber
- 6 tam buğdaylı pide
- 1 baş marul, doğranmış
- 1 domates, ince dilimler halinde kesilmiş
- ½ salatalık, soyulmuş ve dilimlenmiş
- 1 düşük sodyumlu dereotu turşusu, dilimlenmiş
- ¼ küçük kırmızı soğan, ince dilimlenmiş
- 3 çay kaşığı harissa veya tadı (İsteğe bağlı)

TALİMATLAR:

a) Fırını önceden 450 derece F'ye (230 derece C) ısıtın. Falafel'i fırın tepsisine dizin.
b) Falafel'i önceden ısıtılmış fırında 8 ila 10 dakika kadar ısıtılana kadar pişirin.
c) Falafel pişerken tahini, suyu, limon suyunu, kıyılmış sarımsağı ve kırmızı biberi bir kasede çırpın.
ç) Bir cep oluşturmak için her pidenin üst kısmından yaklaşık 1 inç kesin.
d) Her pideye 2 adet falafel ve eşit miktarda marul, domates, salatalık, turşu ve kırmızı soğan ekleyin.
e) Her pide sandviçini yaklaşık 1 çorba kaşığı tahin sosuyla gezdirin.
f) İsteğe bağlı olarak, miktarı zevkinize göre ayarlayarak ekstra bir vuruş için harissa ekleyin.
g) Falafel Pide Sandviçlerini hemen sıcakken servis edin ve lezzetlerin karışımının tadını çıkarın.

23.Narlı ve Kişnişli Kuzu Dolmalı Ayva

İÇİNDEKİLER:

- 14 oz / 400 gr kıyma kuzu
- 1 diş sarımsak, ezilmiş
- 1 kırmızı şili, doğranmış
- ⅔ oz / 20 gr doğranmış kişniş ve süslemek için 2 yemek kaşığı
- ½ su bardağı / 50 gr ekmek kırıntısı
- 1 çay kaşığı öğütülmüş yenibahar
- 2 yemek kaşığı ince rendelenmiş taze zencefil
- 2 orta boy soğan, ince doğranmış (1⅓ bardak / toplam 220 g)
- 1 büyük serbest gezinen yumurta
- 4 ayva (toplamda 2¾ lb / 1,3 kg)
- ½ limon suyu ve 1 yemek kaşığı taze sıkılmış limon suyu
- 3 yemek kaşığı zeytinyağı
- 8 adet kakule kabuğu
- 2 çay kaşığı nar pekmezi
- 2 çay kaşığı şeker
- 2 su bardağı / 500 ml tavuk suyu
- ½ nar çekirdeği
- tuz ve taze çekilmiş karabiber

TALİMATLAR:

a) Kuzu eti, sarımsak, kırmızı biber, kişniş, galeta unu, yenibahar, zencefilin yarısı, soğanın yarısı, yumurta, ¾ çay kaşığı tuz ve biraz biberle birlikte bir karıştırma kabına koyun. Elinizle iyice karıştırıp bir kenara koyun.

b) Ayvaları soyun ve uzunlamasına ikiye bölün. Kararmamaları için yarım limonun suyuyla dolu bir kase soğuk suya koyun. Çekirdeklerini çıkarmak için bir kavun kalıbı veya küçük bir kaşık kullanın ve ardından ⅔ inç / 1,5 cm'lik bir kabuk kalacak şekilde ayva yarımlarının içini boşaltın. Çıkardığınız eti saklayın. Ellerinizi kullanarak aşağıya doğru bastırarak boşlukları kuzu karışımıyla doldurun.

c) Kapağı olan geniş bir tavada zeytinyağını ısıtın. Ayva etini bir mutfak robotuna yerleştirin, iyice doğrayın ve ardından karışımı kalan soğan, zencefil ve kakule kabuklarıyla birlikte tavaya aktarın. Soğan yumuşayana kadar 10 ila 12 dakika soteleyin. Pekmezi, 1 yemek kaşığı limon suyunu, şekeri, et suyunu, ½ çay kaşığı tuzu ve biraz karabiberi ekleyip iyice karıştırın. Ayva yarımlarını, et dolgusu yukarı bakacak şekilde sosa ekleyin , ısıyı hafif bir kaynamaya düşürün, tavanın kapağını kapatın ve yaklaşık 30 dakika pişirin. Sonunda ayva tamamen yumuşak, et iyi pişmiş ve sos kalın olmalıdır. Gerekirse sosu azaltmak için kapağı kaldırın ve bir veya iki dakika pişirin.

ç) Üzerine kişniş ve nar taneleri serperek ılık veya oda sıcaklığında servis yapın.

24.Etli Suriye Pilavı

İÇİNDEKİLER:
- ¼ fincan tereyağı
- 2 kilo kıyma
- 2 çay kaşığı tuz
- ½ çay kaşığı öğütülmüş yenibahar
- ½ çay kaşığı öğütülmüş tarçın
- ½ çay kaşığı öğütülmüş karabiber
- 4 ½ su bardağı tavuk suyu
- 2 su bardağı uzun taneli beyaz pirinç
- 2 yemek kaşığı tereyağı
- ½ su bardağı çam fıstığı

TALİMATLAR:
a) Büyük bir tencerede 1/4 bardak tereyağını orta-yüksek ateşte ısıtın.
b) Kıymayı ekleyip tuz, yenibahar, tarçın ve karabiberle tatlandırın.
c) Sığır eti kızarana ve ufalanana kadar yaklaşık 7 ila 10 dakika pişirin ve karıştırın.
ç) Tenceredeki etin içine tavuk suyu ve pirinci karıştırın.
d) Kaynatın, ardından ısıyı en aza indirin, kapağını kapatın ve sıvı emilene kadar yaklaşık 20 dakika pişirin.
e) Bu arada küçük bir tavada 2 yemek kaşığı tereyağını orta ateşte eritin.
f) Çam fıstıklarını sıcak tereyağında hafifçe kızarana kadar yaklaşık 3 ila 5 dakika pişirin ve karıştırın.
g) Servis yapmadan önce kızartılmış çam fıstıklarını dana-pirinç karışımına karıştırın.

25.Baş Aşağı (Makluba)

İÇİNDEKİLER:

- 7 bardak su
- 2 soğan, doğranmış
- 1 yemek kaşığı kıyılmış sarımsak
- 1 çay kaşığı öğütülmüş tarçın
- 1 çay kaşığı öğütülmüş zerdeçal
- 2 çay kaşığı garam masala
- Tatmak için tuz ve öğütülmüş karabiber
- 2 su bardağı yemeklik yağ
- 2 su bardağı kuzu eti, küçük parçalar halinde kesilmiş
- 1 büyük patlıcan, 3/4-inç dilimler halinde kesilmiş
- 1/4-inç dilimler halinde kesilmiş 2 kabak
- 1 bardak brokoli
- 1 su bardağı karnabahar
- 1 ½ su bardağı yasemin pirinci
- 1 (16 ons) kap sade yoğurt

TALİMATLAR:

a) Büyük bir tencerede su, doğranmış soğan, doğranmış sarımsak, öğütülmüş tarçın, öğütülmüş zerdeçal, garam masala, tuz ve karabiberi kaynatın.

b) Kaynayan karışıma kuzu eti ekleyin, ısıyı en aza indirin ve 15 ila 20 dakika pişirin.

c) Kuzu etini sıvıdan ayırın ve bir kenara koyun. Sıvıyı bir kaseye aktarın.

ç) Yemeklik yağı büyük, derin bir tavada orta ateşte ısıtın.

d) Patlıcan dilimlerini her iki tarafı da kızarıncaya kadar kızartın, ardından kağıt havluların üzerine çıkarın.

e) Kabak ve karnabahar için kızartma işlemini tekrarlayın. Brokolileri yağda sıcak olana kadar pişirin, ardından kağıt havluların üzerine boşaltın.

f) Kuzu etini büyük tencerenin dibine dizin.

g) Kızartılmış patlıcan, kabak, brokoli ve karnabaharı kuzuların üzerine kat kat dizin.

ğ) Yasemin pirincini et ve sebzelerin üzerine dökün, pirincin çökelmesi için tencereyi hafifçe sallayın.

h) Kuzudan ayrılan pişirme sıvısını tamamen kaplayana kadar karışımın üzerine dökün. Gerekirse su ekleyin.

ı) Tencerenin kapağını kapatın ve pirinç yumuşayıncaya ve sıvı emilene kadar, yaklaşık 30 ila 45 dakika kısık ateşte pişirin.
i) Kapağı tencereden çıkarın.
j) Tencerenin üzerine büyük bir tabak yerleştirin ve tencereyi ters çevirin, böylece tabak tabakta "baş aşağı" duracaktır.
k) Yanında yoğurtla servis yapın.

26. Dana ve Ayva

İÇİNDEKİLER:
- 1 kg Et
- 2 çay kaşığı Sarımsak ezmesi
- 2 kg Ayva
- 1 çay kaşığı Şeker
- 1 lt Ekşi nar suyu
- 2 çay kaşığı Nane (ince kıyılmış)
- 5 çay kaşığı domates salçası
- 1 çay kaşığı Tuz

TALİMATLAR:

a) Eti orta boy parçalar halinde kesin ve bir tencereye koyun. Suyunu ekleyip orta ateşte iyice pişmeye bırakın.
b) Ayva hariç tüm malzemeleri tencereye ekleyip iyice pişmeye bırakın.
c) Ayvaları orta boy parçalar halinde kesip tencereye ekleyin.
ç) Pişirildikten sonra bir tabakta, tercihen garnitür olarak beyaz pirinçle servis yapın.

27.Baharat Tavuk ve Pilav

İÇİNDEKİLER:
BAHARAT BAHARAT KARIŞIMI:
- 1 ½ yemek kaşığı güçlü kırmızı biber
- 1 yemek kaşığı öğütülmüş karabiber
- 1 yemek kaşığı kimyon
- ¾ yemek kaşığı öğütülmüş kişniş
- ¾ yemek kaşığı öğütülmüş loomi (kurutulmuş limon)
- ½ yemek kaşığı sumak tozu
- ¼ yemek kaşığı öğütülmüş tarçın
- ¼ yemek kaşığı öğütülmüş karanfil
- ¼ yemek kaşığı öğütülmüş hindistan cevizi
- 5 yeşil kakule kabuğu, ezilmiş
- 2 adet siyah kakule kabuğu, ezilmiş

TAVUK VE PİRİNÇ:
- ½ demet taze kişniş
- 2 yemek kaşığı zeytinyağı
- ½ taze limon, suyu sıkılmış
- 2 tavuk budu
- 2 tavuk budu
- 1 tavuk göğsü
- 1,5 su bardağı esmer basmati pirinci
- ¼ bardak çiğ kaju fıstığı
- ¼ bardak kabuklu çiğ badem
- ¼ bardak altın kuru üzüm
- ⅛ su bardağı kabuklu çiğ antep fıstığı
- 2 çay kaşığı zeytinyağı
- 1 arpacık soğanı, doğranmış
- 1 su bardağı tavuk suyu

TALİMATLAR:
BAHARAT KARIŞIMI HAZIRLAYIN:
a) Orta boy bir kapta kırmızı biber, karabiber, kimyon, kişniş, dokuma tezgahı, sumak, tarçın, karanfil, hindistan cevizi, yeşil kakule ve siyah kakuleyi karıştırın. Bir kenara koyun.

TAVUK MARİNASYONU:
b) Yeniden kapatılabilir bir plastik torbada kişniş, 2 yemek kaşığı zeytinyağı, limon suyu ve 1 yemek kaşığı baharat karışımını birleştirin.

c) Torbaya tavuk uyluklarını, bacaklarını ve göğsünü ekleyin. Kaplamak için kapatın ve sallayın. En az 4 saat buzdolabında marine edin.

PİRİNÇ KARIŞIMI HAZIRLAYIN:

ç) Pirinci geniş bir kaseye koyun, üzerini suyla örtün ve en az 1 saat bekletin.

d) Pirinci boşaltın ve durulayın, ardından kaseye geri koyun. Pirince kaju fıstığı, badem, kuru üzüm ve antep fıstığı ekleyin. 1 yemek kaşığı baharat karışımını ekleyip iyice karıştırın. Bir kenara koyun.

e) Fırını önceden 375 derece F'ye (190 derece C) ısıtın.

f) 2 çay kaşığı zeytinyağını Hollanda fırınında veya tagine'de orta ateşte ısıtın. Arpacık soğanı yarı saydam olana kadar 1 ila 3 dakika pişirin ve karıştırın. Isıyı kapatın.

g) Pirinç karışımını iyice birleşene kadar karıştırın.

MONTAJ VE PİŞİRME:

ğ) Kişnişi tavuklu torbadan çıkarın ve atın.

h) Marine edilmiş tavuğu Hollanda fırınındaki pirinç karışımının üzerine dökün.

ı) Tavuk suyunu ayrılmış torbaya dökün, hafifçe sallayın ve tavuk ve pirincin üzerine dökün.

i) Hollandalı fırını kapatın ve önceden ısıtılmış fırında pirinç yumuşayana ve tavuk tamamen pişene kadar (yaklaşık 75 dakika) pişirin.

j) Tavuğun merkezine yerleştirilen anında okunan bir termometre en az 165 derece F (74 derece C) okumalıdır.

28. Kavrulmuş Tatlı Patates ve Taze İncir

İÇİNDEKİLER:

- 4 küçük tatlı patates (toplamda 2¼ lb / 1 kg)
- 5 yemek kaşığı zeytinyağı
- 3 yemek kaşığı / 40 ml balzamik sirke (birinci sınıf bir kalite yerine ticari bir sirke kullanabilirsiniz)
- 1½ yemek kaşığı / 20 gr ince şeker
- 12 yeşil soğan, uzunlamasına ikiye bölünmüş ve 1½ inç / 4 cm'lik parçalar halinde kesilmiş
- 1 kırmızı şili, ince dilimlenmiş
- 6 olgun incir (toplam 8½ oz / 240 g), dörde bölünmüş
- 5 oz / 150 gr yumuşak keçi sütü peyniri (isteğe bağlı)
- Maldon deniz tuzu ve taze çekilmiş karabiber

TALİMATLAR:

a) Fırını önceden 475°F / 240°C'ye ısıtın.

b) Tatlı patatesleri yıkayın, uzunlamasına ikiye bölün ve ardından her yarımı tekrar benzer şekilde 3 uzun dilime bölün. 3 yemek kaşığı zeytinyağı, 2 çay kaşığı tuz ve biraz karabiberle karıştırın. Dilimleri deri tarafı aşağı bakacak şekilde bir fırın tepsisine yayın ve yumuşak ama yumuşak olmayana kadar yaklaşık 25 dakika pişirin. Fırından çıkarıp soğumaya bırakın.

c) Balzamik azaltmayı yapmak için balzamik sirkeyi ve şekeri küçük bir tencereye koyun. Kaynatın, ardından ısıyı azaltın ve kalınlaşana kadar 2 ila 4 dakika pişirin. Sirke hala baldan daha akıcı olduğunda tavayı ocaktan aldığınızdan emin olun; soğudukça kalınlaşmaya devam edecektir. Çiseleme yapamayacak kadar koyulaşırsa servis yapmadan önce bir damla su ilave edin.

ç) Tatlı patatesleri servis tabağına dizin. Kalan yağı orta boy bir tencerede orta ateşte ısıtın ve yeşil soğanları ve şiliyi ekleyin. Şili'yi yakmamak için sık sık karıştırarak 4 ila 5 dakika kızartın. Tatlı patateslerin üzerine yağı, soğanı ve şiliyi kaşıkla dökün. İncirleri dilimlerin arasına yerleştirin ve ardından balzamik karışımın üzerine gezdirin. Oda sıcaklığında servis yapın. Kullanıyorsanız üzerine peyniri ufalayın.

29.Na'ama'nın şişmanlığı

İÇİNDEKİLER:

- 1 bardak / 200 g Yunan yoğurdu ve ¾ bardak artı 2 yemek kaşığı / 200 ml tam yağlı süt veya 1⅔ bardak / 400 ml ayran (hem yoğurt hem de süt yerine)
- 2 büyük bayat pide veya naan (toplamda 9 oz / 250 gr)
- 3 büyük domates (toplamda 13 oz / 380 g), ⅔ inç / 1,5 cm'lik zarlar halinde kesilmiş
- 3½ oz / 100 gr turp, ince dilimlenmiş
- 3 Lübnan veya mini salatalık (toplamda 9 oz / 250 g), soyulmuş ve ⅔ inç / 1,5 cm'lik zarlar halinde doğranmış
- 2 yeşil soğan, ince dilimlenmiş
- ½ oz / 15 gr taze nane
- 1 oz / 25 gr düz yapraklı maydanoz, iri kıyılmış
- 1 yemek kaşığı kuru nane
- 2 diş sarımsak, ezilmiş
- 3 yemek kaşığı taze sıkılmış limon suyu
- ¼ bardak / 60 ml zeytinyağı, ayrıca üzerine gezdirmek için ekstra
- 2 yemek kaşığı elma şarabı veya beyaz şarap sirkesi
- ¾ çay kaşığı taze çekilmiş karabiber
- 1½ çay kaşığı tuz
- Tatlandırmak ve süslemek için 1 yemek kaşığı sumak veya daha fazlası

TALİMATLAR:

a) Yoğurt ve süt kullanıyorsanız, her ikisini de bir kaseye koyarak en az 3 saat ve en fazla bir gün önceden başlayın. İyice çırpın ve yüzeyde kabarcıklar oluşuncaya kadar serin bir yerde veya buzdolabında bekletin. Elde ettiğiniz şey bir çeşit ev yapımı ayrandır, ancak daha az ekşidir.

b) Ekmeği lokma büyüklüğünde parçalara ayırın ve geniş bir karıştırma kabına koyun. Fermente yoğurt karışımınızı veya ticari ayranınızı ve ardından diğer malzemeleri ekleyin, iyice karıştırın ve tüm tatların birleşmesi için 10 dakika bekletin.

c) Fattuşları servis kaselerine paylaştırın, üzerine biraz zeytinyağı gezdirin ve sumak ile süsleyin.

30.Közlenmiş patlıcan, kızarmış soğanla

İÇİNDEKİLER:

- 2 büyük patlıcan, sapı açık olacak şekilde uzunlamasına ikiye bölünmüş (toplamda yaklaşık 1⅔ lb / 750 g)
- ⅔ su bardağı / 150 ml zeytinyağı
- 4 soğan (toplamda yaklaşık 1¼ lb / 550 g), ince dilimlenmiş
- 1½ yeşil biber
- 1½ çay kaşığı öğütülmüş kimyon
- 1 çay kaşığı sumak
- 1¾ oz / 50 gr beyaz peynir, büyük parçalara bölünmüş
- 1 orta boy limon
- 1 diş sarımsak, ezilmiş
- tuz ve taze çekilmiş karabiber

TALİMATLAR:

a) Fırını önceden 425°F / 220°C'ye ısıtın.

b) Her patlıcanın kesik tarafını çapraz desenle çizin. Kesilen kısımları 6½ yemek kaşığı / 100 ml yağla fırçalayın ve bol miktarda tuz ve karabiber serpin. Bir fırın tepsisine yerleştirin, tarafı yukarı bakacak şekilde kesin ve et altın kahverengi olana ve tamamen pişene kadar fırında yaklaşık 45 dakika kızartın.

c) Patlıcanlar kızarırken kalan yağı geniş bir tavaya ekleyin ve yüksek ateşe koyun. Soğanları ve ½ çay kaşığı tuzu ekleyin ve sık sık karıştırarak 8 dakika pişirin, böylece soğanın bazı kısımları gerçekten koyu ve gevrek olur. Biberlerin tamamını yarısından ayrı tutarak çekirdeklerini çıkarın ve doğrayın. Öğütülmüş kimyonu, sumak ve doğranmış şiliyi ekleyin ve beyaz peyniri eklemeden önce 2 dakika daha pişirin. Fazla karıştırmadan son dakika pişirin ve ocaktan alın.

ç) Limonun kabuğunu ve özünü çıkarmak için küçük tırtıklı bir bıçak kullanın. Eti irice doğrayın, çekirdeklerini atın ve eti ve varsa meyve sularını, kalan ½ biber ve sarımsakla birlikte bir kaseye koyun.

d) Patlıcanlar hazır olur olmaz yemeği hazırlayın. Kavrulmuş yarımları servis tabağına aktarın ve limon sosunu etin üzerine kaşıklayın. Soğanları biraz ısıtıp üzerine kaşıkla dökün. Sıcak servis yapın veya oda sıcaklığına gelmesi için bir kenara koyun.

31.Za'atar ile kavrulmuş balkabağı

İÇİNDEKİLER:

- 1 büyük balkabağı (toplamda 2½ lb / 1,1 kg), ¾ x 2½ inç / 2 x 6 cm dilimler halinde kesilmiş
- 2 kırmızı soğan, 1¼ inç / 3 cm dilimler halinde kesilmiş
- 3½ yemek kaşığı / 50 ml zeytinyağı
- 3½ yemek kaşığı hafif tahin ezmesi
- 1½ yemek kaşığı limon suyu
- 2 yemek kaşığı su
- 1 küçük diş sarımsak, ezilmiş
- 3½ yemek kaşığı / 30 gr çam fıstığı
- 1 yemek kaşığı za'atar
- 1 yemek kaşığı iri kıyılmış düz yapraklı maydanoz
- Maldon deniz tuzu ve taze çekilmiş karabiber

TALİMATLAR:

a) Fırını önceden 475°F / 240°C'ye ısıtın.

b) Kabak ve soğanı geniş bir karıştırma kabına koyun, 3 yemek kaşığı yağ, 1 çay kaşığı tuz ve biraz karabiber ekleyip iyice karıştırın. Kabuğu aşağı bakacak şekilde bir fırın tepsisine yayın ve sebzeler biraz renk alıp tamamen pişene kadar fırında 30 ila 40 dakika kızartın. Soğanlara dikkat edin çünkü soğanlar kabaktan daha hızlı pişebilir ve daha erken çıkarılması gerekebilir. Fırından çıkarıp soğumaya bırakın.

c) Sosu hazırlamak için tahini limon suyu, su, sarımsak ve ¼ çay kaşığı tuzla birlikte küçük bir kaseye koyun. Sos bal kıvamına gelinceye kadar çırpın, gerekirse daha fazla su veya tahin ekleyin.

ç) Kalan 1½ çay kaşığı yağı küçük bir tavaya dökün ve orta-düşük ateşte yerleştirin. Çam fıstıklarını ½ çay kaşığı tuzla birlikte ekleyin ve sık sık karıştırarak, fıstıklar altın rengi kahverengi olana kadar 2 dakika pişirin. Ateşten alın ve pişmeyi durdurmak için fındıkları ve yağı küçük bir kaseye aktarın.

d) Servis yapmak için sebzeleri geniş bir servis tabağına yayın ve tahinin üzerine gezdirin. Üzerine çam fıstıklarını ve yağlarını, ardından za'atar ve maydanozu serpin.

32.Fava Fasulyesi Gugu

İÇİNDEKİLER:

- 1 lb / 500 g bakla fasulyesi, taze veya dondurulmuş
- 5 yemek kaşığı / 75 ml kaynar su
- 2 yemek kaşığı ince şeker
- 5 yemek kaşığı / 45 gr kurutulmuş kızamık
- 3 yemek kaşığı ağır krema
- ¼ çay kaşığı safran iplikleri
- 2 yemek kaşığı soğuk su
- 5 yemek kaşığı zeytinyağı
- 2 orta boy soğan, ince doğranmış
- 4 diş sarımsak, ezilmiş
- 7 büyük serbest gezinen yumurta
- 1 yemek kaşığı çok amaçlı un
- ½ çay kaşığı kabartma tozu
- 1 su bardağı / 30 gr dereotu, doğranmış
- ½ bardak / 15 gr nane, doğranmış
- tuz ve taze çekilmiş karabiber

TALİMATLAR:

a) Fırını 350°F / 180°C'ye önceden ısıtın. Baklaları bol kaynar su dolu bir tencereye koyun. 1 dakika pişirin, süzün, soğuk su altında yenileyin ve bir kenara koyun.

b) 5 yemek kaşığı / 75 ml kaynar suyu orta boy bir kaseye dökün, şekeri ekleyin ve karıştırarak çözün. Bu şurup ılık hale geldikten sonra kızamıkları ekleyin ve yaklaşık 10 dakika bekletin, ardından süzün.

c) Kremayı, safranı ve soğuk suyu küçük bir tencerede kaynatın. Derhal ocaktan alın ve demlenmesi için 30 dakika bekletin.

ç) Kapağı olan, 10 inç / 25 cm'lik yapışmaz, fırına dayanıklı bir kızartma tavasında 3 yemek kaşığı zeytinyağını orta ateşte ısıtın. Soğanları ekleyip ara sıra karıştırarak yaklaşık 4 dakika pişirin, ardından sarımsağı ekleyip 2 dakika daha karıştırarak pişirin. Fava fasulyelerini karıştırın ve bir kenara koyun.

d) Yumurtaları geniş bir karıştırma kabında köpürene kadar iyice çırpın. Unu, kabartma tozunu, safran kremasını, otları, 1½ çay kaşığı tuzu ve ½ çay kaşığı biberi ekleyip iyice çırpın. Son olarak kızamıkları, bakla ve soğan karışımını ekleyin.

e) Tavayı temizleyin, kalan zeytinyağını ekleyin ve iyice ısınması için 10 dakika fırına koyun. Yumurta karışımını sıcak tavaya dökün, kapağını kapatın ve 15 dakika pişirin. Kapağı çıkarın ve yumurtalar sertleşene kadar 20 ila 25 dakika daha pişirin. Fırından çıkarıp 5 dakika kadar dinlendirdikten sonra servis tabağına ters çevirin. Sıcak veya oda sıcaklığında servis yapın.

Çiğ Enginar ve Bitki Salatası

33.Limonlu pırasa köfte

İÇİNDEKİLER:
- 6 büyük kesilmiş pırasa (toplamda yaklaşık 1¾ lb / 800 g)
- 9 oz / 250 gr kıyma
- 1 su bardağı / 90 gr ekmek kırıntısı
- 2 büyük serbest gezinen yumurta
- 2 yemek kaşığı ayçiçek yağı
- ¾ ila 1¼ bardak / 200 ila 300 ml tavuk suyu
- ⅓ su bardağı / 80 ml taze sıkılmış limon suyu (yaklaşık 2 limon)
- ⅓ su bardağı / 80 gr Yunan yoğurdu
- 1 yemek kaşığı ince kıyılmış düz yapraklı maydanoz
- tuz ve taze çekilmiş karabiber

TALİMATLAR:

a) Pırasaları ¾ inç / 2 cm'lik dilimler halinde kesin ve tamamen yumuşayana kadar yaklaşık 20 dakika buharda pişirin. Süzün ve soğumaya bırakın, ardından kalan suyu bir kurulama beziyle sıkın. Pırasaları bir mutfak robotunda, iyice doğranana ancak yumuşak olmayana kadar birkaç kez çekerek işleyin. Pırasayı et, ekmek kırıntısı, yumurta, 1¼ çay kaşığı tuz ve 1 çay kaşığı karabiberle birlikte geniş bir karıştırma kabına koyun. Karışımı kabaca 2¾ x ¾ inç / 7 x 2 cm boyutunda düz köfteler haline getirin; bu 8 eder. 30 dakika buzdolabında saklayın.

b) Kapağı olan büyük, kalın tabanlı bir tavada yağı orta-yüksek ateşte ısıtın. Köftelerin her iki tarafını da altın rengi kahverengi olana kadar kızartın; gerekirse bu, gruplar halinde yapılabilir.

c) Tavayı bir kağıt havluyla silin ve ardından köfteleri tabana, gerekirse hafifçe üst üste gelecek şekilde yerleştirin. Köftelerin neredeyse tamamını kaplayacak kadar et suyu dökün. Limon suyunu ve yarım çay kaşığı tuzu ekleyin. Kaynatın, ardından kapağını kapatın ve 30 dakika boyunca yavaşça pişirin. Kapağı çıkarın ve gerekirse sıvının neredeyse tamamı buharlaşana kadar birkaç dakika daha pişirin. Tavayı ocaktan alın ve soğuması için bir kenara koyun.

ç) Köfteleri ılık veya oda sıcaklığında, bir parça yoğurt ve bir tutam maydanozla birlikte servis edin.

34.Bulgur ve Yoğurtlu Chermoula Patlıcan

İÇİNDEKİLER:
- 2 diş sarımsak, ezilmiş
- 2 çay kaşığı öğütülmüş kimyon
- 2 çay kaşığı öğütülmüş kişniş
- 1 çay kaşığı şili gevreği
- 1 çay kaşığı tatlı kırmızı biber
- 2 yemek kaşığı ince kıyılmış limon kabuğu (mağazadan satın alın veya tarife bakın)
- ⅔ su bardağı / 140 ml zeytinyağı, ayrıca bitirmek için ekstra
- 2 orta boy patlıcan
- 1 su bardağı / 150 gr ince bulgur
- ⅔ su bardağı / 140 ml kaynar su
- ⅓ su bardağı / 50 gr altın kuru üzüm
- 3½ yemek kaşığı / 50 ml ılık su
- ⅓ oz / 10 g kişniş, doğranmış, ayrıca bitirmek için ekstra
- ⅓ oz / 10 gr nane, doğranmış
- ⅓ su bardağı / 50 gr çekirdeği çıkarılmış yeşil zeytin, ikiye bölünmüş
- ⅓ bardak / 30 gr dilimlenmiş badem, kızartılmış
- 3 yeşil soğan, doğranmış
- 1½ yemek kaşığı taze sıkılmış limon suyu
- ½ bardak / 120 gr Yunan yoğurdu
- tuz

TALİMATLAR:

a) Fırını önceden 400°F / 200°C'ye ısıtın.
b) Chermoula'yı yapmak için küçük bir kasede sarımsak, kimyon, kişniş, kırmızı biber, kırmızı biber, konserve limon, zeytinyağının üçte ikisi ve ½ çay kaşığı tuzu karıştırın.
c) Patlıcanları uzunlamasına ikiye bölün. Cildi delmemeye dikkat ederek, her yarının etini derin, çapraz çapraz puanlarla puanlayın. Chermoula'yı her iki yarının üzerine eşit şekilde yayarak kaşıkla dökün ve kesilmiş tarafı yukarı bakacak şekilde bir fırın tepsisine yerleştirin. Fırına verip 40 dakika veya patlıcanlar tamamen yumuşayana kadar kızartın.
ç) Bu arada bulguru geniş bir kaseye koyun ve üzerini kaynar suyla doldurun.
d) Kuru üzümleri ılık suda bekletin. 10 dakika sonra kuru üzümleri süzün ve kalan yağla birlikte bulgura ekleyin. Otları, zeytinleri, bademleri, yeşil soğanları, limon suyunu ve bir tutam tuzu ekleyip karıştırın. Tadına bakın ve gerekirse daha fazla tuz ekleyin.
e) Patlıcanları ılık veya oda sıcaklığında servis edin. Her bir tabağa ½ patlıcanı kesilmiş tarafı yukarı bakacak şekilde yerleştirin. Bulguru kaşıkla üstüne dökün, bir kısmının her iki taraftan düşmesine izin verin. Üzerine biraz yoğurt dökün, üzerine kişniş serpin ve biraz yağ ile tamamlayın.

35.Tahinli kızarmış karnabahar

İÇİNDEKİLER:

- 2 su bardağı / 500 ml ayçiçek yağı
- 2 orta boy karnabahar (toplamda 2¼ lb / 1 kg), küçük çiçeklere bölünmüş
- Her biri 3 uzun parçaya bölünmüş 8 yeşil soğan
- ¾ su bardağı / 180 gr light tahin ezmesi
- 2 diş sarımsak, ezilmiş
- ¼ bardak / 15 gr düz yapraklı maydanoz, doğranmış
- ¼ bardak / 15 gr kıyılmış nane, ayrıca bitirmek için ekstra
- ⅔ su bardağı / 150 gr Yunan yoğurdu
- ¼ bardak / 60ml taze sıkılmış limon suyu ve 1 limonun rendelenmiş kabuğu
- 1 çay kaşığı nar pekmezi, ayrıca bitirmek için ekstra
- yaklaşık ¾ bardak / 180 ml su
- Maldon deniz tuzu ve taze çekilmiş karabiber

TALİMATLAR:

a) Ayçiçek yağını orta-yüksek ateşte yerleştirilmiş büyük bir tencerede ısıtın. Bir çift metal maşa veya metal bir kaşık kullanarak, birkaç karnabahar çiçeğini dikkatlice yağın içine yerleştirin ve 2 ila 3 dakika pişirin, eşit şekilde renkleninceye kadar çevirin. Altın rengi kahverengi olduğunda, oluklu bir kaşık kullanarak çiçekleri süzmek üzere bir kevgir içine kaldırın. Biraz tuz serpin. Karnabaharın tamamını bitirene kadar gruplar halinde devam edin. Daha sonra yeşil soğanları gruplar halinde kızartın, ancak yalnızca 1 dakika kadar kızartın. Karnabahara ekleyin. Her ikisinin de biraz soğumasına izin verin.

b) Tahin ezmesini geniş bir karıştırma kabına dökün ve üzerine sarımsak, doğranmış otlar, yoğurt, limon suyu ve kabuğu rendesi, nar pekmezi, biraz tuz ve karabiber ekleyin. Suyu ekledikçe tahta kaşıkla iyice karıştırın. Tahin sosu, su ekledikçe koyulaşacak ve daha sonra gevşeyecektir. Çok fazla eklemeyin; koyu ama pürüzsüz, akabilir, biraz bal gibi bir kıvam elde edecek kadar ekleyin.

c) Karnabaharı ve yeşil soğanı tahine ekleyip iyice karıştırın. Baharatı tadın ve ayarlayın. Ayrıca daha fazla limon suyu eklemek isteyebilirsiniz.

ç) Servis etmek için servis kasesine kaşıkla alın ve birkaç damla nar pekmezi ve biraz nane ile tamamlayın.

36.Tahinli, Yoğurtlu ve Çam Fıstıklı Pazı

İÇİNDEKİLER:
- 2¾ lb / 1,3 kg İsviçre pazı
- 2½ yemek kaşığı / 40 gr tuzsuz tereyağı
- 2 yemek kaşığı zeytinyağı, artı bitirmek için ekstra
- 5 yemek kaşığı / 40 gr çam fıstığı
- 2 küçük diş sarımsak, çok ince dilimlenmiş
- ¼ bardak / 60 ml sek beyaz şarap
- süslemek için tatlı kırmızı biber (isteğe bağlı)
- tuz ve taze çekilmiş karabiber

TAHİN ve YOĞURT SOSU
- 3½ yemek kaşığı / 50 gr hafif tahin ezmesi
- 4½ yemek kaşığı / 50 gr Yunan yoğurdu
- 2 yemek kaşığı taze sıkılmış limon suyu
- 1 diş sarımsak, ezilmiş
- 2 yemek kaşığı su

TALİMATLAR:
a) Sosla başlayın. Tüm malzemeleri orta boy bir kaseye koyun, bir tutam tuz ekleyin ve pürüzsüz, yarı sert bir macun elde edene kadar küçük bir çırpma teli ile iyice karıştırın. Bir kenara koyun.

b) Beyaz pazı saplarını yeşil yapraklardan ayırmak için keskin bir bıçak kullanın ve her ikisini de ayrı tutarak ¾ inç / 2 cm genişliğinde dilimler halinde kesin. Büyük bir tencerede tuzlu suyu kaynatın ve pazı saplarını ekleyin. 2 dakika pişirin, yaprakları ekleyin ve bir dakika daha pişirin. Süzün ve soğuk su altında iyice durulayın. Suyun akmasını bekleyin ve ardından pazı tamamen kuruyana kadar ellerinizi kullanarak sıkın.

c) Tereyağının yarısını ve 2 yemek kaşığı zeytinyağını geniş bir tavaya koyun ve orta ateşte ısıtın. Isındıktan sonra çam fıstıklarını ekleyin ve altın rengini alana kadar yaklaşık 2 dakika tavaya atın. Bunları tavadan çıkarmak için oluklu bir kaşık kullanın, ardından sarımsakları atın. Altın rengi oluncaya kadar yaklaşık bir dakika pişirin. Şarabı dikkatlice (tükürecek!) dökün. Yaklaşık üçte bire düşene kadar bir dakika veya daha kısa bir süre bekletin. Pazıyı ve tereyağının geri kalanını ekleyin ve ara sıra karıştırarak pazı tamamen ısınana kadar 2 ila 3 dakika pişirin. ½ çay kaşığı tuz ve biraz karabiber ile tatlandırın.

ç) Pazıları servis kaselerine paylaştırın, üzerine biraz tahin sosu dökün ve üzerine çam fıstıklarını serpin. Son olarak zeytinyağını gezdirin ve isterseniz biraz kırmızı biber serpin.

37. Kofta B'siniyah

İÇİNDEKİLER:

- ⅔ su bardağı / 150 gr hafif tahin ezmesi
- 3 yemek kaşığı taze sıkılmış limon suyu
- ½ su bardağı / 120 ml su
- 1 orta diş sarımsak, ezilmiş
- 2 yemek kaşığı ayçiçek yağı
- 2 yemek kaşığı / 30 gr tuzsuz tereyağı veya sade yağ (isteğe bağlı)
- süslemek için kavrulmuş çam fıstığı
- süslemek için ince kıyılmış düz yaprak maydanoz
- süslemek için tatlı kırmızı biber
- tuz

KÖFTA

- 14 oz / 400 gr kıyma kuzu
- 14 oz / 400 gr kıyma veya dana eti
- 1 küçük soğan (yaklaşık 5 oz / 150 g), ince doğranmış
- 2 büyük diş sarımsak, ezilmiş
- 7 yemek kaşığı / 50 gr kavrulmuş çam fıstığı, iri kıyılmış
- ½ bardak / 30 gr ince kıyılmış düz yapraklı maydanoz
- 1 büyük orta-sıcak kırmızı şili, çekirdekleri çıkarılmış ve ince doğranmış
- 1½ çay kaşığı öğütülmüş tarçın
- 1½ çay kaşığı öğütülmüş yenibahar
- ¾ çay kaşığı rendelenmiş hindistan cevizi
- 1½ çay kaşığı taze çekilmiş karabiber
- 1½ çay kaşığı tuz

TALİMATLAR:

a) Köfte malzemelerinin tamamını bir kaseye koyun ve ellerinizi kullanarak her şeyi iyice karıştırın. Şimdi, yaklaşık 3¼ inç / 8 cm uzunluğunda (her biri yaklaşık 2 oz / 60 g) uzun, torpido benzeri parmaklar haline getirin. Karışımı sıkıştırmak için bastırın ve her köftenin sıkı olduğundan ve şeklini koruduğundan emin olun. Bir tabağa yerleştirin ve pişirmeye hazır olana kadar 1 güne kadar soğutun.

b) Fırını önceden 425°F / 220°C'ye ısıtın. Orta boy bir kapta tahin ezmesini, limon suyunu, suyu, sarımsağı ve ¼ çay kaşığı tuzu birlikte çırpın. Sos baldan biraz daha akıcı olmalı; Gerekirse 1 ila 2 yemek kaşığı su ekleyin.

c) Ayçiçek yağını büyük bir tavada yüksek ateşte ısıtın ve köfteleri kızartın. Birbirine sıkışmamaları için bunu gruplar halinde yapın. Her partide yaklaşık 6 dakika, altın rengi kahverengi olana kadar her taraftan kızartın. Bu noktada orta-az pişmiş olmaları gerekir. Tavadan alıp fırın tepsisine dizin. Bunları orta veya iyi pişmiş olarak pişirmek istiyorsanız fırın tepsisini şimdi 2 ila 4 dakika fırına koyun.

ç) Tahin sosunu tavanın tabanını kaplayacak şekilde köftenin etrafına dökün. İsterseniz köftenin üzerine de biraz gezdirin, ancak etin bir kısmını açıkta bırakın. Sosu biraz ısıtmak için bir veya iki dakika fırına koyun.

d) Bu arada eğer tereyağı kullanıyorsanız küçük bir tencerede eritip yanmamasına dikkat ederek biraz kızarmasını sağlayın. Fırından çıkar çıkmaz köftelerin üzerine tereyağını gezdirin. Çam fıstığını ve maydanozu serpin ve ardından kırmızı biber serpin. Hemen servis yapın.

38. Sabih

İÇİNDEKİLER:
- 2 büyük patlıcan (toplamda yaklaşık 1⅔ lb / 750 g)
- yaklaşık 1¼ su bardağı / 300 ml ayçiçek yağı
- 4 dilim kaliteli beyaz ekmek, kızarmış veya taze ve nemli mini pide
- 1 su bardağı / 240 ml Tahin sosu
- 4 büyük serbest gezinen yumurta, haşlanmış, soyulmuş ve ⅜ inç / 1 cm kalınlığında dilimler halinde kesilmiş veya dörde bölünmüş
- yaklaşık 4 yemek kaşığı Zhoug
- amba veya tuzlu mango turşusu (isteğe bağlı)
- tuz ve taze çekilmiş karabiber

Kıyılmış Salata
- 2 orta boy olgun domates, ⅜ inç / 1 cm'lik zarlar halinde kesilmiş (toplamda yaklaşık 1 bardak / 200 g)
- 2 mini salatalık, ⅜ inç / 1 cm'lik zarlar halinde kesilmiş (toplamda yaklaşık 1 bardak / 120 g)
- 2 yeşil soğan, ince dilimlenmiş
- 1½ yemek kaşığı kıyılmış düz yapraklı maydanoz
- 2 çay kaşığı taze sıkılmış limon suyu
- 1½ yemek kaşığı zeytinyağı

TALİMATLAR:

a) Patlıcan kabuğunu yukarıdan aşağıya doğru soymak için bir sebze soyucu kullanın, patlıcanlarda zebra benzeri siyah deri ve beyaz et şeritleri kalacak şekilde bırakın. Her iki patlıcanı da enine 1 inç / 2,5 cm kalınlığında dilimler halinde kesin. Her iki tarafına da tuz serpin, ardından bir fırın tepsisine yayın ve suyunun çıkması için en az 30 dakika bekletin. Bunları silmek için kağıt havlu kullanın.

b) Ayçiçek yağını geniş bir tavada ısıtın. Dikkatlice (yağ tükürür), patlıcan dilimlerini güzelce ve koyulaşana kadar gruplar halinde kızartın, bir kez çevirerek toplamda 6 ila 8 dakika pişirin. Partileri pişirirken gerekirse yağ ekleyin. Bittiğinde patlıcan parçalarının ortası tamamen yumuşamış olmalıdır. Tavadan çıkarın ve kağıt havluların üzerine boşaltın.

c) Tüm malzemeleri karıştırıp, tuz ve karabiberle tatlandırarak doğranmış salatayı hazırlayın.

ç) Servis yapmadan hemen önce her tabağa 1 dilim ekmek veya pide koyun. Her dilimin üzerine 1 yemek kaşığı tahin sosunu dökün, ardından patlıcan dilimlerini üst üste gelecek şekilde dizin. Üzerine biraz daha tahin gezdirin ama patlıcan dilimlerini tamamen kapatmayın. Her yumurta dilimine tuz ve karabiber serpip patlıcanın üzerine dizin. Üzerine biraz daha tahin dökün ve istediğiniz kadar zhoug'ı kaşıkla dökün; dikkatli olun, hava çok sıcak! İsterseniz mango turşusunun üzerine de kaşıkla dökün. İstenirse her porsiyonun üzerine biraz kaşıkla sebze salatasını yanında servis edin.

39. Buğday Çilekleri, Pazı ve Nar Pekmezi

İÇİNDEKİLER:

- 1⅓ lb / 600 g İsviçre pazı veya gökkuşağı pazı
- 2 yemek kaşığı zeytinyağı
- 1 yemek kaşığı tuzsuz tereyağı
- 2 büyük pırasanın beyaz ve soluk yeşil kısımları ince dilimlenmiş (3 su bardağı / toplam 350 gr)
- 2 yemek kaşığı açık kahverengi şeker
- yaklaşık 3 yemek kaşığı nar pekmezi
- 1¼ bardak / 200 gr kabuğu soyulmuş veya kabuğu çıkarılmamış buğday meyveleri
- 2 su bardağı / 500 ml tavuk suyu
- tuz ve taze çekilmiş karabiber
- Yunan yoğurdu, servis için

TALİMATLAR:

a) Küçük, keskin bir bıçak kullanarak pazıların beyaz saplarını yeşil yapraklarından ayırın. Sapları ⅜ inç / 1 cm dilimler halinde, yaprakları ise ¾ inç / 2 cm dilimler halinde dilimleyin.

b) Yağı ve tereyağını büyük, kalın tabanlı bir tavada ısıtın. Pırasayı ekleyin ve karıştırarak 3 ila 4 dakika pişirin. Pazı saplarını ekleyip 3 dakika pişirin, ardından yapraklarını ekleyip 3 dakika daha pişirin. Şekeri, 3 yemek kaşığı nar pekmezini ve buğday meyvelerini ekleyip iyice karıştırın. Et suyunu, ¾ çay kaşığı tuzu ve biraz karabiberi ekleyin, hafifçe kaynatın ve kapağı kapalı olarak kısık ateşte 60 ila 70 dakika pişirin. Bu noktada buğday al dente olmalıdır.

c) Kapağı çıkarın ve gerekirse ısıyı artırın ve kalan sıvının buharlaşmasına izin verin. Tavanın tabanı kuru olmalı ve üzerinde biraz yanmış karamel bulunmalıdır. Isıdan çıkarın.

ç) Servis yapmadan önce tadın ve gerekirse daha fazla pekmez, tuz ve karabiber ekleyin; keskin ve tatlı olmasını istiyorsanız pekmezden çekinmeyin. Bir parça Yunan yoğurtuyla sıcak olarak servis yapın.

40. Balila

İÇİNDEKİLER:

- 1 su bardağı / 200 gr kuru nohut
- 1 çay kaşığı kabartma tozu
- 1 su bardağı / 60 gr doğranmış düz yapraklı maydanoz
- 2 yeşil soğan, ince dilimlenmiş
- 1 büyük limon
- 3 yemek kaşığı zeytinyağı
- 2½ çay kaşığı öğütülmüş kimyon
- tuz ve taze çekilmiş karabiber

TALİMATLAR:

a) Bir gece önceden nohutları geniş bir kaseye koyun ve hacminin en az iki katı kadar soğuk suyla kaplayın. Kabartma tozunu ekleyin ve gece boyunca oda sıcaklığında bekletin.

b) Nohutları süzüp geniş bir tencereye koyun. Bol miktarda soğuk suyla örtün ve yüksek ateşte yerleştirin. Kaynatın, suyun yüzeyini alın, ardından ısıyı azaltın ve nohutlar çok yumuşak olana ancak şeklini koruyana kadar 1 ila 1,5 saat pişirin.

c) Nohutlar pişerken maydanozu ve yeşil soğanı geniş bir karıştırma kabına koyun. Limonun üstünü ve kuyruğunu keserek soyun, bir tahtaya yerleştirin ve küçük, keskin bir bıçağı kıvrımları boyunca gezdirerek kabuğunu ve beyaz özünü çıkarın. Kabuğu, çekirdeği ve tohumları atın ve eti kabaca doğrayın. Eti ve tüm meyve sularını kaseye ekleyin.

ç) Nohutlar hazır olduğunda süzün ve henüz sıcakken kaseye ekleyin. Zeytinyağı, kimyon, ¾ çay kaşığı tuz ve iyice öğütülmüş karabiber ekleyin. İyice karıştırın. Biraz ısınana kadar soğumaya bırakın, baharatların tadına bakın ve servis yapın.

41. Kızamık ve Fıstıklı Safranlı Pilav

İÇİNDEKİLER:
- 2½ yemek kaşığı / 40 gr tuzsuz tereyağı
- 2 su bardağı / 360 gr basmati pirinci, soğuk suyla durulanmış ve iyice süzülmüş
- 2⅓ su bardağı / 560 ml kaynar su
- 1 çay kaşığı safran ipi, 3 yemek kaşığı kaynar suda 30 dakika bekletilmiş
- ¼ bardak / 40 gr kurutulmuş kızamık, bir tutam şekerli kaynar suda birkaç dakika bekletilmiş
- 1 oz / 30 gr dereotu, iri kıyılmış
- ⅔ oz / 20 g frenk maydanozu, iri kıyılmış
- ⅓ oz / 10 gr tarhun, iri kıyılmış
- ½ bardak / 60 gr kıyılmış veya ezilmiş tuzsuz antep fıstığı, hafifçe kızartılmış
- tuz ve taze çekilmiş beyaz biber

TALİMATLAR:

a) Tereyağını orta boy bir tencerede eritin ve pirinci ekleyerek, tanelerin tereyağıyla iyice kaplandığından emin olun. Kaynar suyu, 1 çay kaşığı tuzu ve biraz beyaz biberi ekleyin. İyice karıştırın, sıkıca kapatılmış bir kapakla örtün ve çok kısık ateşte 15 dakika pişmeye bırakın. Tavayı ortaya çıkarmaya çalışmayın; pirincin düzgün bir şekilde buharlaşmasına izin vermeniz gerekecek.

b) Pirinç tavasını ocaktan alın (tüm su pirinç tarafından emilecektir) ve safranlı suyu pirincin bir tarafına dökün, yüzeyin yaklaşık dörtte birini kaplayacak ve çoğunluğunu beyaz bırakacaktır. Tavayı hemen bir çay havluyla örtün ve kapağı tekrar sıkıca kapatın. 5 ila 10 dakika bekletin.

c) Büyük bir kaşık kullanarak pirincin beyaz kısmını geniş bir karıştırma kabına alın ve bir çatalla kabartın. Kızamıkları süzün ve karıştırın, ardından otlar ve antep fıstığının çoğunu ekleyin, birkaç tanesini süslemek için bırakın. İyice karıştırın.

ç) Safranlı pirinci çatalla kabartın ve yavaşça beyaz pirincin içine katlayın. Fazla karıştırmayın; beyaz tanelerin sarıya boyanmasını istemezsiniz. Baharatı tadın ve ayarlayın.

d) Pirinci sığ bir servis kabına aktarın ve üzerine kalan antep fıstıklarını serpin. Sıcak veya oda sıcaklığında servis yapın.

42.Tavuklu sofrito

İÇİNDEKİLER:
- 1 yemek kaşığı ayçiçek yağı
- 1 küçük serbest gezinen tavuk, yaklaşık 3¼ lb / 1,5 kg, tereyağlı veya dörde bölünmüş
- 1 çay kaşığı tatlı kırmızı biber
- ¼ çay kaşığı öğütülmüş zerdeçal
- ¼ çay kaşığı şeker
- 2½ yemek kaşığı taze sıkılmış limon suyu
- 1 büyük soğan, soyulmuş ve dörde bölünmüş
- kızartmak için ayçiçek yağı
- 1⅔ lb / 750 g Yukon Altın patates, soyulmuş, yıkanmış ve ¾ inç / 2 cm'lik zarlar halinde kesilmiş
- 25 diş sarımsak, soyulmamış
- tuz ve taze çekilmiş karabiber

TALİMATLAR:

a) Yağı büyük, sığ bir tavaya veya Hollandalı fırına dökün ve orta ateşte koyun. Tavuğu deri tarafı aşağı gelecek şekilde tavaya yerleştirin ve altın kahverengi olana kadar 4 ila 5 dakika kızartın.

b) Her yerini kırmızı biber, zerdeçal, şeker, ¼ çay kaşığı tuz, iyice öğütülmüş karabiber ve 1½ yemek kaşığı limon suyuyla baharatlayın. Tavuğu derisi yukarı bakacak şekilde çevirin, soğanı tavaya ekleyin ve kapağını kapatın. Isıyı en aza indirin ve toplamda yaklaşık 1½ saat pişirin; buna tavuğun patatesle birlikte pişirildiği süre de dahildir.

c) Tavanın altındaki sıvı miktarını kontrol etmek için arada sırada kapağı kaldırın. Buradaki fikir, tavuğun kendi suyunda pişmesi ve buharda pişirilmesidir, ancak tavanın dibinde her zaman ¼ inç / 5 mm sıvı olacak şekilde biraz kaynar su eklemeniz gerekebilir.

ç) Tavuk yaklaşık 30 dakika piştikten sonra ayçiçek yağını orta boy bir tencereye 3 cm derinliğe kadar dökün ve orta-yüksek ateşte yerleştirin. Patatesleri ve sarımsakları, biraz renk alıp gevrekleşinceye kadar, parti başına yaklaşık 6 dakika boyunca birkaç parti halinde birlikte kızartın. Her bir partiyi yağdan kağıt havluların üzerine çıkarmak için oluklu bir kaşık kullanın, ardından üzerine tuz serpin.

d) Tavuk 1 saat piştikten sonra tavadan çıkarın ve kızarmış patatesleri ve sarımsağı kaşıkla ekleyip pişirme suyuyla karıştırın . Tavuğu tavaya geri koyun ve kalan pişirme süresi boyunca, yani 30 dakika boyunca patateslerin üzerine koyun. Tavuk kemiğinden ayrılmalı ve patatesler pişirme sıvısına batırılmış ve tamamen yumuşak olmalıdır. Servis yaparken kalan limon suyunu üzerine gezdirin.

43.ve Kuş Üzümlü Yabani Pirinç

İÇİNDEKİLER:
- ⅓ su bardağı / 50 gr yabani pirinç
- 2½ yemek kaşığı zeytinyağı
- yuvarlak 1 su bardağı / 220 gr basmati pirinci
- 1½ su bardağı / 330 ml kaynar su
- 2 çay kaşığı kimyon tohumu
- 1½ çay kaşığı köri tozu
- 1½ bardak / 240 gr pişmiş ve süzülmüş nohut (konserveler iyidir)
- ¾ su bardağı / 180 ml ayçiçek yağı
- 1 orta boy soğan, ince dilimlenmiş
- 1½ çay kaşığı çok amaçlı un
- ⅔ su bardağı / 100 gr kuş üzümü
- 2 yemek kaşığı kıyılmış düz yapraklı maydanoz
- 1 yemek kaşığı kıyılmış kişniş
- 1 yemek kaşığı kıyılmış dereotu
- tuz ve taze çekilmiş karabiber

TALİMATLAR:

a) Yabani pirinci küçük bir tencereye koyarak başlayın, üzerini bol suyla örtün, kaynatın ve pirinç pişene ama hala oldukça sert olana kadar yaklaşık 40 dakika kaynamaya bırakın. Drenaj yapın ve bir kenara koyun.

b) Basmati pirincini pişirmek için, kapağı sıkıca kapatılmış orta boy bir tencereye 1 yemek kaşığı zeytinyağı dökün ve yüksek ateşte koyun. Pirinci ve ¼ çay kaşığı tuzu ekleyin ve pirinci ısıtırken karıştırın. Kaynar suyu dikkatli bir şekilde ekleyin, ısıyı en aza indirin, tavanın kapağını kapatın ve 15 dakika pişmeye bırakın.

c) Tavayı ocaktan alın, temiz bir kurulama beziyle örtün, ardından kapağını kapatın ve 10 dakika boyunca ocaktan alın.

ç) Pirinç pişerken nohutları hazırlayın. Kalan 1½ yemek kaşığı zeytinyağını küçük bir tencerede yüksek ateşte ısıtın. Kimyon tohumlarını ve köri tozunu ekleyin, birkaç saniye bekleyin ve ardından nohutları ve ¼ çay kaşığı tuzu ekleyin; Bunu çabuk yaptığınızdan emin olun, aksi takdirde baharatlar yağda yanabilir. Nohutları ısıtmak için bir veya iki dakika ateşte karıştırın, ardından büyük bir karıştırma kabına aktarın.

d) Tencereyi silerek temizleyin, ayçiçek yağını dökün ve yüksek ateşe koyun. İçine küçük bir parça soğan atarak yağın sıcak olduğundan emin olun; şiddetle cızırdaması gerekir. Ellerinizi kullanarak soğanı unla karıştırarak hafifçe kaplayın. Soğanın bir kısmını alın ve dikkatlice (tükürebilir !) yağın içine koyun. Altın kahverengi olana kadar 2 ila 3 dakika kızartın, ardından kağıt havlulara aktarıp suyunu süzün ve üzerine tuz serpin. Bütün soğan kızarana kadar gruplar halinde tekrarlayın.

e) Son olarak nohutların üzerine her iki pirinç türünü de ekleyin ve ardından kuş üzümü, otlar ve kızarmış soğanı ekleyin. İstediğiniz gibi karıştırın, tadın ve tuz ve karabiber ekleyin. Sıcak veya oda sıcaklığında servis yapın.

44.Közlenmiş Patlıcan Nar Taneleri

İÇİNDEKİLER:
- 4 büyük patlıcan (pişirmeden önce 3¼ lb / 1,5 kg; eti yakılıp süzüldükten sonra 2½ bardak / 550 g)
- 2 diş sarımsak, ezilmiş
- 1 limonun rendelenmiş kabuğu ve 2 yemek kaşığı taze sıkılmış limon suyu
- 5 yemek kaşığı zeytinyağı
- 2 yemek kaşığı kıyılmış düz yapraklı maydanoz
- 2 yemek kaşığı kıyılmış nane
- ½ büyük nar taneleri (½ su bardağı / toplam 80 gr)
- tuz ve taze çekilmiş karabiber

TALİMATLAR:

a) Gaz ocağınız varsa, korumak için tabanını alüminyum folyo ile kaplayın ve yalnızca ocakları açıkta bırakın.

b) Patlıcanları doğrudan orta ateşteki dört ayrı gaz ocağına yerleştirin ve kabukları yanana ve pul pul oluncaya ve etler yumuşayana kadar 15 ila 18 dakika kızartın. Ara sıra çevirmek için metal maşa kullanın.

c) Alternatif olarak, patlıcanları birkaç yerinden bıçakla yaklaşık 2 cm derinliğinde çizikler atın ve bir fırın tepsisine, sıcak bir piliç altında yaklaşık bir saat boyunca yerleştirin. Her 20 dakikada bir çevirin ve patlayıp kırılsalar bile pişirmeye devam edin.

ç) Patlıcanları ocaktan alıp biraz soğumasını bekleyin. İşlenecek kadar soğuduktan sonra, her patlıcanın kenarından bir delik açın ve yumuşak etini çıkarın, ellerinizle uzun ince şeritlere bölün. Cildi atın. Mümkün olduğu kadar fazla sudan kurtulmak için eti bir kevgir içinde en az bir saat, tercihen daha uzun süre süzün.

d) Patlıcan posasını orta boy bir kaseye koyun ve sarımsak, limon kabuğu rendesi ve suyu, zeytinyağı, ½ çay kaşığı tuz ve iyice öğütülmüş karabiber ekleyin. Karıştırın ve patlıcanın oda sıcaklığında en az bir saat marine olmasına izin verin.

e) Servis etmeye hazır olduğunuzda, baharatların çoğunu ekleyin ve baharatların tadına bakın. Servis tabağına üst üste dizin, üzerine nar tanelerini serpin ve kalan otlarla süsleyin.

45.Marine Edilmiş Beyaz Peynirli Arpa Risotto

İÇİNDEKİLER:

- 1 su bardağı / 200 gr inci arpa
- 2 yemek kaşığı / 30 gr tuzsuz tereyağı
- 6 yemek kaşığı / 90 ml zeytinyağı
- 2 küçük kereviz sapı, ¼ inç / 0,5 cm'lik zarlar halinde kesilmiş
- ¼ inç / 0,5 cm zarlar halinde kesilmiş 2 küçük arpacık soğanı
- 4 diş sarımsak, 1/16 inç / 2 mm'lik zarlar halinde kesilmiş
- 4 kekik dalı
- ½ çay kaşığı füme kırmızı biber
- 1 defne yaprağı
- 4 şerit limon kabuğu
- ¼ çay kaşığı şili gevreği
- bir adet 14 oz / 400g doğranmış domates konservesi
- 3 su bardağı / 700 ml sebze suyu
- 1¼ bardak / 300 ml passata (elenmiş ezilmiş domates)
- 1 yemek kaşığı kimyon tohumu
- 10½ oz / 300 g beyaz peynir, kabaca ¾ inç / 2 cm'lik parçalara bölünmüş
- 1 yemek kaşığı taze kekik yaprağı
- tuz

TALİMATLAR:

a) İnci arpayı soğuk su altında iyice durulayın ve süzülmeye bırakın.

b) Tereyağını ve 2 yemek kaşığı zeytinyağını çok büyük bir tavada eritin ve kereviz, arpacık soğanı ve sarımsağı hafif ateşte yumuşayana kadar 5 dakika pişirin. Arpa, kekik, kırmızı biber, defne yaprağı, limon kabuğu, pul biber, domates, et suyu, passata ve tuzu ekleyin. Birleştirmek için karıştırın.

c) Karışımı kaynatın, ardından çok hafif bir kaynamaya getirin ve 45 dakika pişirin, risottonun tavanın dibine yapışmadığından emin olmak için sık sık karıştırın. Hazır olduğunda arpa yumuşamalı ve sıvının çoğu emilmelidir.

ç) Bu arada kimyon tohumlarını kuru bir tavada birkaç dakika kızartın. Daha sonra, bütün tohumların kalması için hafifçe ezin. Bunları kalan 4 yemek kaşığı / 60 ml zeytinyağıyla birlikte beyaz peynire ekleyin ve birleştirmek için yavaşça karıştırın.

d) Risotto hazır olduğunda baharatı kontrol edin ve dört sığ kaseye bölün. Her birinin üzerine yağ da dahil olmak üzere marine edilmiş beyaz peynir ve bir tutam kekik yaprağı serpin.

46.ve Şili ile Conchiglie

İÇİNDEKİLER:

- 2½ bardak / 500 gr Yunan yoğurdu
- ⅔ su bardağı / 150 ml zeytinyağı
- 4 diş sarımsak, ezilmiş
- 1 lb / 500 g taze veya çözülmüş dondurulmuş bezelye
- 1 lb / 500 gr conchiglie makarna
- ½ su bardağı / 60 gr çam fıstığı
- 2 çay kaşığı Türk veya Suriye şili gevreği (veya ne kadar baharatlı olduğuna bağlı olarak daha az)
- 1⅔ su bardağı / 40 gr fesleğen yaprağı, irice yırtılmış
- 8 oz / 240 gr beyaz peynir, parçalara ayrılmış
- tuz ve taze çekilmiş beyaz biber

TALİMATLAR:

a) Yoğurdu, 6 yemek kaşığı / 90 ml zeytinyağını, sarımsağı ve ⅔ su bardağı / 100 gr bezelyeyi bir mutfak robotuna koyun. Düzgün soluk yeşil bir sos elde edene kadar karıştırın ve büyük bir karıştırma kabına aktarın.

b) Makarnayı bol tuzlu kaynar suda al dente oluncaya kadar pişirin. Makarna pişerken kalan zeytinyağını küçük bir tavada orta ateşte ısıtın. Çam fıstıklarını ve şili pullarını ekleyin ve fındıklar altın sarısı rengine ve yağ koyu kırmızı oluncaya kadar 4 dakika kızartın. Ayrıca kalan bezelyeleri bir miktar kaynar suda ısıtın ve ardından süzün.

c) Pişen makarnayı bir kevgir içine boşaltın, iyice sallayarak suyunun gitmesini sağlayın ve makarnayı yavaş yavaş yoğurtlu sosa ekleyin; hepsini birden eklemek yoğurdun dağılmasına neden olabilir. Sıcak bezelye, fesleğen, beyaz peynir, 1 çay kaşığı tuz ve ½ çay kaşığı beyaz biberi ekleyin. Yavaşça karıştırın, ayrı ayrı kaselere aktarın ve üzerine çam fıstıklarını ve yağlarını kaşıkla dökün.

47.Klementinli kavrulmuş tavuk

İÇİNDEKİLER:

- 6½ yemek kaşığı / 100 ml arak, uzo veya Pernod
- 4 yemek kaşığı zeytinyağı
- 3 yemek kaşığı taze sıkılmış portakal suyu
- 3 yemek kaşığı taze sıkılmış limon suyu
- 2 yemek kaşığı taneli hardal
- 3 yemek kaşığı açık kahverengi şeker
- 2 orta boy rezene soğanı (toplamda 1 lb / 500 g)
- 1 büyük organik veya serbest gezinen tavuk, yaklaşık 2¾ lb / 1,3 kg, 8 parçaya bölünmüş veya derili, kemikli tavuk butları aynı ağırlıkta
- 4 clementines, soyulmamış (toplamda 14 oz / 400 g), ¼ inç / 0,5 cm'lik dilimler halinde yatay olarak kesilmiş
- 1 yemek kaşığı kekik yaprağı
- 2½ çay kaşığı rezene tohumu, hafifçe ezilmiş
- tuz ve taze çekilmiş karabiber
- süslemek için kıyılmış düz yaprak maydanoz

TALİMATLAR:

a) İlk altı malzemeyi geniş bir karıştırma kabına koyun ve 2½ çay kaşığı tuz ve 1½ çay kaşığı karabiber ekleyin. İyice çırpın ve bir kenara koyun.

b) Rezeneyi kesin ve her bir ampulü uzunlamasına ikiye bölün. Her yarımı 4 parçaya bölün. Rezeneyi tavuk parçaları, clementine dilimleri, kekik ve rezene tohumlarıyla birlikte sıvılara ekleyin. Ellerinizle iyice karıştırın, ardından buzdolabında birkaç saat veya gece boyunca marine etmeye bırakın (zamanınız kısıtlıysa, marine etme aşamasını atlamak da iyidir).

c) Fırını önceden 475°F / 220°C'ye ısıtın. Tavuğu ve turşusunu, her şeyi tek bir katmanda rahatça barındırabilecek kadar büyük bir fırın tepsisine (kabaca 12 x 14½ inç / 30 x 37 cm tava) aktarın; tavuk derisi yukarıya bakmalıdır. Fırın yeterince ısındığında tavayı fırına koyun ve tavuğun rengi değişene ve iyice pişene kadar 35 ila 45 dakika kızartın. Fırından çıkarın.

ç) Tavuğu, rezeneyi ve klemantinleri tavadan alıp servis tabağına dizin; örtün ve sıcak tutun.

d) Pişirme sıvısını küçük bir tencereye dökün, orta-yüksek ateşte koyun, kaynatın ve ardından sos üçte bir oranında azalıncaya kadar pişirin, böylece yaklaşık ⅓ bardak / 80 ml kalacak.

e) Acı sosu tavuğun üzerine dökün, maydanozla süsleyin ve servis yapın.

48.Mejadra

İÇİNDEKİLER:

- 1¼ su bardağı / 250 gr yeşil veya kahverengi mercimek
- 4 orta boy soğan (soyulmadan önce 1½ lb / 700 g)
- 3 yemek kaşığı çok amaçlı un
- yaklaşık 1 su bardağı / 250 ml ayçiçek yağı
- 2 çay kaşığı kimyon tohumu
- 1½ yemek kaşığı kişniş tohumu
- 1 su bardağı / 200 gr basmati pirinci
- 2 yemek kaşığı zeytinyağı
- ½ çay kaşığı öğütülmüş zerdeçal
- 1½ çay kaşığı öğütülmüş yenibahar
- 1½ çay kaşığı öğütülmüş tarçın
- 1 çay kaşığı şeker
- 1½ su bardağı / 350 ml su
- tuz ve taze çekilmiş karabiber

TALİMATLAR:

a) Mercimekleri küçük bir tencereye koyun, üzerini bol suyla örtün, kaynatın ve mercimekler yumuşayıp hâlâ biraz ısırıncaya kadar 12 ila 15 dakika pişirin. Drenaj yapın ve bir kenara koyun.

b) Soğanları soyup ince ince dilimleyin. Geniş düz bir tabağa koyun, üzerine un ve 1 çay kaşığı tuz serpin ve ellerinizle iyice karıştırın. Ayçiçek yağını yüksek ateşte yerleştirilmiş orta kalın tabanlı bir tencerede ısıtın. İçine küçük bir parça soğan atarak yağın sıcak olduğundan emin olun; şiddetle cızırdaması gerekir. Isıyı orta-yüksek seviyeye indirin ve dilimlenmiş soğanın üçte birini dikkatlice (tükürebilir!) ekleyin. Delikli bir kaşıkla ara sıra karıştırarak, soğan güzel bir altın rengi kahverengiye dönene ve çıtır çıtır olana kadar 5 ila 7 dakika kızartın (sıcaklığı, soğanın çok çabuk kızarıp yanmasını önleyecek şekilde ayarlayın). Soğanı kağıt havluyla kaplı bir kevgir içine aktarmak için kaşık kullanın ve üzerine biraz daha tuz serpin. Aynısını diğer iki soğan partisi için de yapın; gerekirse biraz ekstra yağ ekleyin.

c) Soğanı kızarttığınız tencereyi temizleyip kimyon ve kişniş tohumlarını koyun. Orta ateşte yerleştirin ve tohumları bir veya iki dakika kızartın. Pirinç, zeytinyağı, zerdeçal, yenibahar, tarçın, şeker, ½ çay kaşığı tuz ve bol karabiber ekleyin. Pirinci yağla kaplayacak şekilde karıştırın ve ardından pişmiş mercimeği ve suyu ekleyin. Kaynatın, kapağını kapatın ve çok kısık ateşte 15 dakika pişirin.

ç) Ateşten alın, kapağını kaldırın ve tavayı hızla temiz bir kurulama beziyle örtün. Kapağını sıkıca kapatın ve 10 dakika bekletin.

d) Son olarak kavrulmuş soğanın yarısını pirinç ve mercimeğe ekleyip çatalla hafifçe karıştırın. Karışımı sığ bir servis kabına koyun ve üzerine kalan soğanı ekleyin.

49. Domates ve soğanlı kuskus

İÇİNDEKİLER:

- 3 yemek kaşığı zeytinyağı
- 1 orta boy soğan, ince doğranmış (1 su bardağı / toplam 160 gr)
- 1 yemek kaşığı domates salçası
- ½ çay kaşığı şeker
- 2 adet çok olgun domates, 0,5 cm'lik zarlar halinde kesilmiş (1¾ bardak / toplam 320 g)
- 1 su bardağı / 150 gr kuskus
- 1 su bardağı / 220 ml haşlanmış tavuk veya sebze suyu
- 2½ yemek kaşığı / 40 gr tuzsuz tereyağı
- tuz ve taze çekilmiş karabiber

TALİMATLAR:

a) Yaklaşık 8½ inç / 22 cm çapında yapışmaz bir tavaya 2 yemek kaşığı zeytinyağı dökün ve orta ateşte yerleştirin. Soğanı ekleyin ve sık sık karıştırarak, yumuşayana ancak rengi değişene kadar 5 dakika pişirin. Domates salçasını ve şekeri ekleyip 1 dakika pişirin.

b) Domatesleri, ½ çay kaşığı tuzu ve biraz karabiberi ekleyip 3 dakika pişirin.

c) Bu arada kuskusu sığ bir kaseye koyun, kaynayan suyu üzerine dökün ve üzerini streç filmle örtün. 10 dakika bekletin, ardından kapağı çıkarın ve kuskusu bir çatalla kabartın. Domates sosunu ekleyip iyice karıştırın.

ç) Tavayı silerek temizleyin ve tereyağını ve kalan 1 yemek kaşığı zeytinyağını orta ateşte ısıtın. Tereyağı eridiğinde, kuskusu kaşıkla tavaya koyun ve kaşığın arkasını kullanarak hafifçe vurarak iyice toparlanmasını sağlayın.

d) Tavayı kapatın, ısıyı en düşük ayara indirin ve kuskusun kenarlarında açık kahverengi bir renk görene kadar 10 ila 12 dakika buharda pişmesine izin verin. Kuskusun kenarı ile tavanın kenarı arasına bakmanıza yardımcı olması için bir spatula veya bıçak kullanın: tabanın ve yanların her yerinde gerçekten keskin bir kenar istiyorsunuz.

e) Büyük bir tabağı tavanın üzerine ters çevirin ve tava ile tabağı hızlıca ters çevirin, kuskusu tabağa bırakın. Sıcak veya oda sıcaklığında servis yapın.

50.ve Güllü Tavada Levrek

İÇİNDEKİLER:

- 3 yemek kaşığı harissa ezmesi (mağazadan satın alındı veya tarife bakın)
- 1 çay kaşığı öğütülmüş kimyon
- 4 levrek filetosu, toplamda yaklaşık 450 g, derisi yüzülmüş ve kılçıkları çıkarılmış
- toz almak için çok amaçlı un
- 2 yemek kaşığı zeytinyağı
- 2 orta boy soğan, ince doğranmış
- 6½ yemek kaşığı / 100 ml kırmızı şarap sirkesi
- 1 çay kaşığı öğütülmüş tarçın
- 1 su bardağı / 200 ml su
- 1½ yemek kaşığı bal
- 1 yemek kaşığı gül suyu
- ½ su bardağı / 60 gr kuş üzümü (isteğe bağlı)
- 2 yemek kaşığı iri kıyılmış kişniş (isteğe bağlı)
- 2 çay kaşığı küçük kurutulmuş yenilebilir gül yaprakları
- tuz ve taze çekilmiş karabiber

TALİMATLAR:

a) İlk önce balıkları marine edin. Harissa ezmesinin yarısını, öğütülmüş kimyonu ve ½ çay kaşığı tuzu küçük bir kasede karıştırın. Balık filetolarının her yerine bu karışımı sürün ve buzdolabında 2 saat marine edilmeye bırakın.

b) Filetolara biraz un serpin ve fazlasını silkeleyin. Zeytinyağını geniş bir tavada orta-yüksek ateşte ısıtın ve filetoların her iki tarafını da 2 dakika kızartın. Bunu iki grup halinde yapmanız gerekebilir. Balıkları bir kenara koyun, yağı tavada bırakın ve soğanları ekleyin. Soğanlar altın rengi oluncaya kadar yaklaşık 8 dakika karıştırarak pişirin.

c) Kalan harissayı, sirkeyi, tarçını, ½ çay kaşığı tuzu ve bol karabiberi ekleyin. Suyu dökün, ısıyı azaltın ve sosun iyice koyulaşana kadar 10 ila 15 dakika hafifçe kaynamasına izin verin.

ç) Bal ve gül suyunu, kullanıyorsanız kuş üzümüyle birlikte tavaya ekleyin ve birkaç dakika daha yavaşça pişirin. Baharatı tadıp ayarlayın ve ardından balık filetolarını tavaya geri koyun; Tam olarak uymuyorlarsa, onları hafifçe üst üste getirebilirsiniz.

d) Sosu balıkların üzerine dökün ve onları kaynayan sosun içinde 3 dakika kadar ısınmaya bırakın; Sos çok koyu ise birkaç yemek kaşığı su eklemeniz gerekebilir.

e) Sıcak olarak veya oda sıcaklığında servis yapın, üzerine varsa kişniş ve gül yaprakları serpin.

51. Domates ve Beyaz Peynirli Karides, Deniz Tarağı ve İstiridye

İÇİNDEKİLER:

- 1 bardak / 250 ml beyaz şarap
- 2¼ lb / 1 kg istiridye, temizlenmiş
- 3 diş sarımsak, ince dilimlenmiş
- 3 yemek kaşığı zeytinyağı, artı bitirmek için ekstra
- 3½ bardak / 600 gr soyulmuş ve doğranmış İtalyan erik domatesi (taze veya konserve)
- 1 çay kaşığı ince şeker
- 2 yemek kaşığı kıyılmış kekik
- 1 limon
- 7 oz / 200 g kaplan karidesi, soyulmuş ve kabuğu çıkarılmış
- 7 oz / 200 gr büyük deniz tarağı (çok büyükse yatay olarak ikiye bölün)
- 4 oz / 120 g beyaz peynir, ¾ inç / 2 cm'lik parçalara bölünmüş
- 3 yeşil soğan, ince dilimlenmiş
- tuz ve taze çekilmiş karabiber

TALİMATLAR:

a) Şarabı orta boy bir tencereye koyun ve dörtte üçü azalıncaya kadar kaynatın. İstiridyeleri ekleyin, hemen kapağını kapatın ve yüksek ateşte yaklaşık 2 dakika, tavayı ara sıra sallayarak, istiridyeler açılıncaya kadar pişirin. Pişirme suyunu bir kasede toplayarak süzmek için ince bir eleğe aktarın. Açılmayan istiridyeleri atın, ardından kalanları kabuklarından çıkarın ve isterseniz yemeği bitirmek için birkaçını kabuklarıyla birlikte bırakın.

b) Fırını önceden 475°F / 240°C'ye ısıtın.

c) Büyük bir tavada, sarımsakları zeytinyağında orta-yüksek ateşte altın rengi olana kadar yaklaşık 1 dakika pişirin. Dikkatlice domatesleri, istiridye sıvısını, şekeri, kekiği ve biraz tuz ve karabiberi ekleyin. Limonun 3 kabuğunu tıraşlayın, ekleyin ve sos koyulaşana kadar 20 ila 25 dakika hafifçe pişirin. Gerektiğinde tuz ve karabiber tadın ve ekleyin. Limon kabuğu rendesini atın.

ç) Karidesleri ve deniz taraklarını ekleyin, hafifçe karıştırın ve bir veya iki dakika kadar pişirin. Kabuklu istiridyeleri katlayın ve her şeyi küçük, fırına dayanıklı bir kaba aktarın. Beyaz peynir parçalarını sosun içine batırın ve üzerine yeşil soğan serpin.

d) İsterseniz kabuklarına biraz istiridye ekleyin ve üstleri biraz renklenene ve karidesler ve taraklar pişene kadar 3 ila 5 dakika fırına koyun.

e) Yemeği fırından çıkarın, üzerine biraz limon suyu sıkın ve üzerine biraz zeytinyağı gezdirin.

52.ve Demirhindi ile Kızarmış Bıldırcın

İÇİNDEKİLER:

- 4 ekstra büyük bıldırcın, her biri yaklaşık 6½ oz / 190 g, göğüs kemiği ve sırt boyunca ikiye bölünmüş
- ¾ çay kaşığı şili gevreği
- ¾ çay kaşığı öğütülmüş kimyon
- ½ çay kaşığı rezene tohumu, hafifçe ezilmiş
- 1 yemek kaşığı zeytinyağı
- 1¼ su bardağı / 300 ml su
- 5 yemek kaşığı / 75 ml beyaz şarap
- ⅔ su bardağı / 80 gr kuru kayısı, kalın dilimlenmiş
- 2½ yemek kaşığı / 25 gr kuş üzümü
- 1½ yemek kaşığı ince şeker
- 1½ yemek kaşığı demirhindi ezmesi
- 2 yemek kaşığı taze sıkılmış limon suyu
- 1 çay kaşığı çekilmiş kekik yaprağı
- tuz ve taze çekilmiş karabiber
- Süslemek için 2 yemek kaşığı kıyılmış kişniş ve düz yapraklı maydanoz karışımı (isteğe bağlı)

TALİMATLAR:

a) Bıldırcınları kağıt havluyla silin ve bir karıştırma kabına koyun. Üzerine pul biber, kimyon, rezene tohumu, ½ çay kaşığı tuz ve biraz karabiber serpin. Ellerinizle iyice masaj yapın, ardından üzerini örtün ve en az 2 saat veya bir gece buzdolabında marine etmeye bırakın.

b) Yağı, kuşların rahatça sığabileceği büyüklükte ve kapağı olan bir kızartma tavasında orta-yüksek ateşte ısıtın. Güzel bir altın rengi elde etmek için kuşların her tarafını yaklaşık 5 dakika kadar kızartın.

c) Bıldırcını tavadan çıkarın ve yağın çoğunu atın, geriye yaklaşık 1½ çay kaşığı bırakın. Suyu, şarabı, kayısıyı, kuş üzümünü, şekeri, demirhindiyi, limon suyunu, kekiği, ½ çay kaşığı tuzu ve biraz karabiberi ekleyin. Bıldırcını tavaya geri koyun. Su, kanatlıların dörtte üçü kadar yukarıya çıkmalı; değilse daha fazla su ekleyin. Kaynatın, tavanın kapağını kapatın ve bıldırcınları bir veya iki kez çevirerek, kuşlar pişene kadar 20 ila 25 dakika çok hafif pişirin.

ç) Bıldırcınları tavadan alıp servis tabağına alın ve sıcak tutun. Sıvı çok kalın değilse, orta ateşte tekrar ısıtın ve iyi bir sos kıvamına gelinceye kadar birkaç dakika pişirin. Sosu bıldırcın üzerine dökün ve kullanıyorsanız kişniş ve maydanozla süsleyin.

53.Freekeh ile haşlanmış tavuk

İÇİNDEKİLER:

- 1 küçük serbest gezinen tavuk, yaklaşık 3¼ lb / 1,5 kg
- 2 adet uzun tarçın çubuğu
- 2 orta boy havuç, soyulmuş ve ¾ inç / 2 cm kalınlığında dilimler halinde kesilmiş
- 2 adet defne yaprağı
- 2 demet düz yapraklı maydanoz (toplamda yaklaşık 2½ oz / 70 g)
- 2 büyük soğan
- 2 yemek kaşığı zeytinyağı
- 2 su bardağı / 300 gr kırık freekeh
- ½ çay kaşığı öğütülmüş yenibahar
- ½ çay kaşığı öğütülmüş kişniş
- 2½ yemek kaşığı / 40 gr tuzsuz tereyağı
- ⅔ su bardağı / 60 gr dilimlenmiş badem
- tuz ve taze çekilmiş karabiber

TALİMATLAR:

a) Tavuğu tarçın, havuç, defne yaprağı, 1 demet maydanoz ve 1 çay kaşığı tuzla birlikte geniş bir tencereye koyun. 1 adet soğanı dörde bölüp tencereye ekleyin. Tavuğu neredeyse kaplayacak kadar soğuk su ekleyin; kaynatın ve kapağı kapalı olarak 1 saat pişirin, ara sıra yağı ve köpüğü yüzeyden uzaklaştırın.

b) Tavuğun pişmesinin yaklaşık yarısına gelindiğinde ikinci soğanı ince ince dilimleyin ve zeytinyağıyla birlikte orta boy bir tencereye koyun. Soğan altın kahverengi ve yumuşak oluncaya kadar 12 ila 15 dakika orta-düşük ateşte kızartın. Freekeh, yenibahar, kişniş, ½ çay kaşığı tuz ve biraz karabiber ekleyin. İyice karıştırın ve ardından 2½ bardak / 600 ml tavuk suyunu ekleyin. Isıyı orta-yüksek seviyeye getirin. Et suyu kaynadığı anda tavayı kapatın ve ısıyı azaltın. 20 dakika boyunca hafifçe pişirin, ardından ocaktan alın ve 20 dakika daha kapağın altında bekletin.

c) Kalan maydanoz demetinin yapraklarını çıkarın ve çok ince olmayacak şekilde doğrayın. Kıyılmış maydanozun çoğunu pişmiş freekeh'e ekleyin ve bir çatalla karıştırın.

ç) Tavuğu et suyundan çıkarın ve bir kesme tahtası üzerine yerleştirin. Göğüsleri dikkatlice kesin ve açılı olarak ince dilimleyin; eti bacaklardan ve uyluklardan çıkarın. Tavuğu ve freekeyi sıcak tutun.

d) Servis etmeye hazır olduğunuzda tereyağını, bademleri ve biraz tuzu küçük bir tavaya koyun ve altın rengi olana kadar kızartın. Freekeh'i tek tek servis tabaklarına veya bir tabağa kaşıkla dökün. Bacak ve but etini üstüne koyun, ardından göğüs dilimlerini düzgünce üstüne yerleştirin. Badem, tereyağı ve bir tutam maydanozla tamamlayın.

54.Soğanlı ve Kakuleli Pilavlı Tavuk

İÇİNDEKİLER:

- 3 yemek kaşığı / 40 gr şeker
- 3 yemek kaşığı / 40 ml su
- 2½ yemek kaşığı / 25 gr kızamık (veya kuş üzümü)
- 4 yemek kaşığı zeytinyağı
- 2 orta boy soğan, ince dilimlenmiş (2 su bardağı / toplam 250 gr)
- 2¼ lb / 1 kg derili, kemikli tavuk butları veya 1 bütün tavuk, dörde bölünmüş
- 10 adet kakule kabuğu
- yuvarlak ¼ çay kaşığı bütün karanfil
- 2 uzun tarçın çubuğu, ikiye bölünmüş
- 1⅔ su bardağı / 300 gr basmati pirinci
- 2¼ su bardağı / 550 ml kaynar su
- 1½ yemek kaşığı / 5 gr düz yapraklı maydanoz yaprağı, doğranmış
- ½ bardak / 5 gr dereotu yaprağı, doğranmış
- ¼ bardak / 5 gr kişniş yaprağı, doğranmış
- ⅓ bardak / 100 gr Yunan yoğurdu, 2 yemek kaşığı zeytinyağıyla karıştırılmış (isteğe bağlı)
- tuz ve taze çekilmiş karabiber

TALİMATLAR:

a) Şekeri ve suyu küçük bir tencereye alıp şeker eriyene kadar ısıtın. Ateşten alın, kızamıkları ekleyin ve ıslanması için bir kenara koyun. Kuş üzümü kullanıyorsanız bu şekilde ıslatmanıza gerek yoktur.

b) Bu arada, zeytinyağının yarısını kapağı olan büyük bir sote tavasında orta ateşte ısıtın, soğanı ekleyin ve ara sıra karıştırarak 10-15 dakika, soğan koyu altın rengine dönene kadar pişirin. Soğanı küçük bir kaseye aktarın ve tavayı silerek temizleyin.

c) Tavuğu geniş bir karıştırma kabına yerleştirin ve 1½ çay kaşığı tuz ve karabiberle tatlandırın. Kalan zeytinyağını, kakuleyi, karanfilleri ve tarçını ekleyin ve ellerinizi kullanarak her şeyi iyice karıştırın. Tavayı tekrar ısıtın ve içine tavuk ve baharatları koyun.

ç) Her iki tarafını da 5'er dakika kızartın ve tavadan çıkarın (tavuğu kısmen pişirdiği için bu önemlidir). Baharatlar tavada kalabilir ancak tavuğa yapışırsa endişelenmeyin.

d) Altta sadece ince bir film bırakarak kalan yağın çoğunu da çıkarın. Pirinci, karamelize soğanı, 1 tatlı kaşığı tuzu ve bol karabiberi ekleyin. Barbunyaları da süzüp ekleyin. İyice karıştırın ve kızartılmış tavuğu pirincin içine iterek tavaya geri koyun.

e) Kaynayan suyu pirinç ve tavuğun üzerine dökün, tavanın kapağını kapatın ve çok kısık ateşte 30 dakika pişirin. Tavayı ocaktan alın, kapağını çıkarın, tavanın üzerine hızlı bir şekilde temiz bir kurulama havlusu koyun ve tekrar kapakla kapatın. Yemeği 10 dakika daha rahatsız edilmeden bırakın. Son olarak otları ekleyin ve bir çatal kullanarak karıştırın ve pirinci kabartın. Gerekirse daha fazla tuz ve karabiber tadın ve ekleyin. Dilerseniz sıcak veya ılık olarak yoğurtla servis yapın.

55.Bakla ve Limonlu Dana Köfte

İÇİNDEKİLER:

- 4½ yemek kaşığı zeytinyağı
- 2⅓ bardak / 350 gr bakla, taze veya dondurulmuş
- 4 bütün kekik dalı
- 6 diş sarımsak, dilimlenmiş
- 8 yeşil soğan, ¾ inç / 2 cm'lik parçalar halinde açılı olarak kesilmiş
- 2½ yemek kaşığı taze sıkılmış limon suyu
- 2 su bardağı / 500 ml tavuk suyu
- tuz ve taze çekilmiş karabiber
- Bitirmek için 1½ çay kaşığı kıyılmış düz yaprak maydanoz, nane, dereotu ve kişniş

KÖFTELER

- 10 oz / 300 gr kıyma
- 5 oz / 150 gr kıyma kuzu
- 1 orta boy soğan, ince doğranmış
- 1 su bardağı / 120 gr ekmek kırıntısı
- 2 yemek kaşığı kıyılmış düz yapraklı maydanoz, nane, dereotu ve kişniş
- 2 büyük diş sarımsak, ezilmiş
- 4 çay kaşığı baharat karışımı (mağazadan satın alındı veya tarife bakın)
- 4 çay kaşığı öğütülmüş kimyon
- 2 çay kaşığı kapari, doğranmış
- 1 yumurta, dövülmüş

TALİMATLAR:

a) Köfte malzemelerinin tamamını geniş bir karıştırma kabına koyun. ¾ çay kaşığı tuz ve bol karabiber ekleyip elinizle iyice karıştırın. Ping-Pong toplarıyla aynı büyüklükte toplar oluşturun. Kapağı olan ekstra büyük bir tavada 1 yemek kaşığı zeytinyağını orta ateşte ısıtın. Köftelerin yarısını, her tarafı kahverengi olana kadar yaklaşık 5 dakika çevirerek kızartın. Tavayı çıkarın, 1½ çay kaşığı zeytinyağını daha tavaya ekleyin ve diğer köfte partisini pişirin. Tavadan çıkarın ve silerek temizleyin.

b) Köfteler pişerken baklaları bol tuzlu kaynar su dolu tencereye atın ve 2 dakika haşlayın. Süzüp soğuk su altında yenileyin. Baklaların yarısının kabuklarını çıkarın ve kabuklarını atın.

c) Köfteleri kızarttığınız tavada kalan 3 yemek kaşığı zeytinyağını orta ateşte ısıtın. Kekik, sarımsak ve yeşil soğanı ekleyip 3 dakika soteleyin. Soyulmamış baklaları, 1½ yemek kaşığı limon suyunu, ⅓ su bardağı /

80 ml et suyunu, ¼ çay kaşığı tuzu ve bol miktarda karabiberi ekleyin. Fasulyeler neredeyse sıvıyla kaplanmalıdır. Tavayı kapatın ve kısık ateşte 10 dakika pişirin.

ç) Köfteleri baklaları tutan kızartma tavasına geri koyun. Kalan suyu ekleyin, tavanın kapağını kapatın ve 25 dakika boyunca yavaşça pişirin. Sosu tadın ve baharatını ayarlayın. Çok akıcıysa kapağını açıp biraz azaltın. Köfteler pişmeyi bıraktıktan sonra çok fazla suyu çekecektir, bu nedenle bu noktada hala bol miktarda sos olduğundan emin olun. Artık köfteleri servise hazır olana kadar ocaktan alabilirsiniz.

d) Servis yapmadan hemen önce köfteleri tekrar ısıtın ve gerekirse biraz su ekleyerek yeterli sos elde edin. Kalan otları, kalan 1 yemek kaşığı limon suyunu ve soyulmuş baklaları ekleyip çok dikkatli bir şekilde karıştırın. Derhal servis yapın.

56.Kızamık, Yoğurt ve Otlu Kuzu Köfte

İÇİNDEKİLER:

- 1⅔ lb / 750 gr öğütülmüş kuzu
- 2 orta boy soğan, ince doğranmış
- ⅔ oz / 20 gr düz yapraklı maydanoz, ince doğranmış
- 3 diş sarımsak, ezilmiş
- ¾ çay kaşığı öğütülmüş yenibahar
- ¾ çay kaşığı öğütülmüş tarçın
- 6 yemek kaşığı / 60 gr kızamık
- 1 büyük serbest gezinen yumurta
- 6½ yemek kaşığı / 100 ml ayçiçek yağı
- 1½ lb / 700 g soyulmuş muz veya diğer büyük arpacık soğanı
- ¾ bardak artı 2 yemek kaşığı / 200 ml beyaz şarap
- 2 su bardağı / 500 ml tavuk suyu
- 2 defne yaprağı
- 2 dal kekik
- 2 çay kaşığı şeker
- 5 oz / 150 gr kuru incir
- 1 su bardağı / 200 gr Yunan yoğurdu
- 3 yemek kaşığı karışık nane, kişniş, dereotu ve tarhun, iri kıyılmış
- tuz ve taze çekilmiş karabiber

TALİMATLAR:

a) Kuzu eti, soğan, maydanoz, sarımsak, yenibahar, tarçın, yaban mersini, yumurta, 1 çay kaşığı tuz ve ½ çay kaşığı karabiberi geniş bir kaseye koyun. Ellerinizle karıştırın ve golf topu büyüklüğünde toplar haline getirin.

b) Sıkı kapanan bir kapağı olan büyük, ağır tabanlı bir tencerede, yağın üçte birini orta ateşte ısıtın. İçine birkaç köfte koyup pişirin ve her yeri renk alana kadar birkaç dakika çevirin. Tencereden çıkarıp bir kenara koyun. Kalan köfteleri de aynı şekilde pişirin.

c) Tencereyi silerek temizleyin ve kalan yağı ekleyin. Arpacık soğanı ekleyin ve orta ateşte, sık sık karıştırarak, altın rengi kahverengi olana kadar 10 dakika pişirin. Şarabı ekleyin, bir iki dakika köpürmeye bırakın, ardından tavuk suyunu, defne yaprağını, kekiği, şekeri, biraz tuz ve karabiberi ekleyin. İncirleri ve köfteleri arpacık soğanların arasına ve üstüne dizin; köftelerin neredeyse sıvıyla kaplanması gerekiyor. Kaynatın, kapağını kapatın, ısıyı en aza indirin ve 30 dakika pişmeye bırakın. Kapağı çıkarın ve sosun tadı azalıp yoğunlaşana kadar yaklaşık bir saat daha pişirin. Önce tadına bak sonra eğer gerekliyse tuz ve biber eklersin.

ç) Geniş, derin bir servis tabağına aktarın. Yoğurdu çırpın, üzerine dökün ve baharatları serpin.

57.Polpetton

İÇİNDEKİLER:

- 3 büyük serbest gezinen yumurta
- 1 yemek kaşığı kıyılmış düz yapraklı maydanoz
- 2 çay kaşığı zeytinyağı
- 1 lb / 500 gr kıyma
- 1 su bardağı / 100 gr ekmek kırıntısı
- ½ su bardağı / 60 gr tuzsuz antep fıstığı
- ½ fincan / 80 g kornişon (3 veya 4), ⅜ inç / 1 cm'lik parçalar halinde kesilmiş
- 7 oz / 200 gr pişmiş dana dili (veya jambon), ince dilimlenmiş
- 1 büyük havuç, parçalar halinde kesilmiş
- 2 kereviz sapı, parçalar halinde kesilmiş
- 1 kekik dalı
- 2 adet defne yaprağı
- ½ soğan, dilimlenmiş
- 1 çay kaşığı tavuk suyu tabanı
- pişirmek için kaynar su
- tuz ve taze çekilmiş karabiber

SALSİNA VERDE

- 2 oz / 50 gr düz yapraklı maydanoz dalları
- 1 diş sarımsak, ezilmiş
- 1 yemek kaşığı kapari
- 1 yemek kaşığı taze sıkılmış limon suyu
- 1 yemek kaşığı beyaz şarap sirkesi
- 1 büyük serbest gezinen yumurta, sert haşlanmış ve soyulmuş
- ⅔ su bardağı / 150 ml zeytinyağı
- 3 yemek kaşığı ekmek kırıntısı, tercihen taze
- tuz ve taze çekilmiş karabiber

TALİMATLAR:

a) Düz bir omlet yaparak başlayın. 2 yumurtayı, kıyılmış maydanozu ve bir tutam tuzu birlikte çırpın. Zeytinyağını büyük bir tavada (yaklaşık 11 inç / 28 cm çapında) orta ateşte ısıtın ve yumurtaları dökün. Yumurtalar ince bir omlet haline gelinceye kadar karıştırmadan 2 ila 3 dakika pişirin. Soğuması için bir kenara koyun.

b) Büyük bir kapta sığır eti, galeta unu, antep fıstığı, kornişon turşu, kalan yumurta, 1 çay kaşığı tuz ve ½ çay kaşığı karabiberi karıştırın. Çalışma yüzeyinizin üzerine büyük, temiz bir çay havlusu serin (kurtmanın sakıncası olmayan eski bir havluyu kullanmak isteyebilirsiniz; onu temizlemek hafif bir tehdit olacaktır) . Şimdi et karışımını alın ve havlunun üzerine yayın, ellerinizle ⅜ inç / 1 cm kalınlığında ve kabaca 12 x 10 inç / 30 x 25 cm boyutunda dikdörtgen bir disk şeklinde şekillendirin. Bezin kenarlarını temiz tutun.

c) Eti dil dilimleriyle kaplayın ve kenarlarında ¾ inç / 2 cm boşluk bırakın. Omleti 4 geniş şerit halinde kesin ve dilin üzerine eşit şekilde dağıtın.

ç) Eti geniş kenarlarından birinden içe doğru yuvarlamaya başlamanıza yardımcı olması için bezi kaldırın. Size yardımcı olması için havluyu kullanarak eti büyük bir sosis şekline getirmeye devam edin. Sonunda, kıymanın dışarıda ve omletin ortada olduğu sıkı, jöleli ruloya benzer bir somun istiyorsunuz. Somunu havluyla örtün, iyice sarın, böylece içi sızdırmaz hale gelir. Uçları iple bağlayın ve fazla kumaşı kütüğün altına sıkıştırın, böylece sıkıca bağlanmış bir demet elde edersiniz.

d) Paketi büyük bir tavaya veya Hollanda fırınına yerleştirin. Havucu, kerevizi, kekiği, defneyi, soğanı ve et suyunu somunun etrafına atın ve üzerini neredeyse kaplayacak kadar kaynar su dökün. Tencereyi bir kapakla kapatın ve 2 saat pişmeye bırakın.

e) Somunu tavadan çıkarın ve sıvının bir kısmının akmasını sağlamak için bir kenara koyun (kaçak stok, harika bir çorba tabanı olacaktır). Yaklaşık 30 dakika sonra, daha fazla meyve suyunun çıkması için üzerine ağır bir şey koyun. Oda sıcaklığına ulaştığında köfteyi hala bezle kaplı buzdolabına koyun ve 3 ila 4 saat iyice soğumasını bekleyin.

f) Sos için, tüm malzemeleri bir mutfak robotuna koyun ve kaba bir kıvama gelinceye kadar nabız atın (veya rustik bir görünüm için maydanozu, kapariyi ve yumurtayı elle doğrayın ve diğer malzemelerle birlikte karıştırın). Baharatı tadın ve ayarlayın.

g) Servis yapmak için somunu havludan çıkarın, ⅜ inç / 1 cm kalınlığında dilimler halinde kesin ve servis tabağına koyun. Yanında sosu servis edin.

58.Kuzu şavurma

İÇİNDEKİLER:

- 2 çay kaşığı karabiber
- 5 bütün karanfil
- ½ çay kaşığı kakule baklası
- ¼ çay kaşığı çemen otu tohumu
- 1 çay kaşığı rezene tohumu
- 1 yemek kaşığı kimyon tohumu
- 1 yıldız anason
- ½ tarçın çubuğu
- ½ bütün hindistan cevizi, rendelenmiş
- ¼ çay kaşığı öğütülmüş zencefil
- 1 yemek kaşığı tatlı kırmızı biber
- 1 yemek kaşığı sumak
- 2½ çay kaşığı Maldon deniz tuzu
- 1 oz / 25 gr taze zencefil, rendelenmiş
- 3 diş sarımsak, ezilmiş
- ⅔ bardak / 40 gr doğranmış kişniş, sapları ve yaprakları
- ¼ bardak / 60 ml taze sıkılmış limon suyu
- ½ su bardağı / 120 ml fıstık yağı
- 1 kemikli kuzu budu, yaklaşık 5½ ila 6½ lb / 2,5 ila 3 kg
- 1 su bardağı / 240 ml kaynar su

TALİMATLAR:

a) İlk 8 malzemeyi bir dökme demir tavaya koyun ve baharatlar patlayıp aromalarını salmaya başlayıncaya kadar orta-yüksek ateşte bir veya iki dakika kuru kavurun. Onları yakmamaya dikkat edin. Küçük hindistan cevizi, zencefil ve kırmızı biberi ekleyin, ısıtmak için birkaç saniye daha karıştırın, ardından baharat öğütücüye aktarın. Baharatları homojen bir toz haline gelinceye kadar işleyin. Orta boy bir kaseye aktarın ve kuzu hariç kalan tüm malzemeleri karıştırın.

b) Küçük, keskin bir bıçak kullanarak kuzu budunda birkaç yerden çizikler atın, yağın ve etin içinden 1,5 cm derinliğinde yarıklar açarak marinenin içeri sızmasını sağlayın. Geniş bir kızartma tavasına yerleştirin ve marineyi her yerine sürün. lamba; ete iyice masaj yapmak için ellerinizi kullanın. Tavayı alüminyum folyo ile örtün ve en az birkaç saat bir kenara bırakın veya tercihen gece boyunca soğutun.

c) Fırını önceden 325°F / 170°C'ye ısıtın.

ç) Kuzuyu yağlı tarafı yukarı bakacak şekilde fırına koyun ve et tamamen yumuşayana kadar toplamda yaklaşık 4½ saat kızartın.

d) 30 dakika kavurduktan sonra kaynar suyu tavaya ekleyin ve bu sıvıyı her saat başı eti yağlamak için kullanın.

e) Gerektikçe daha fazla su ekleyin ve tavanın tabanında her zaman yaklaşık 0,5 cm/¼ inç kaldığından emin olun. Son 3 saat boyunca baharatların yanmasını önlemek için kuzu etinin üzerini folyo ile örtün. İşlem tamamlandıktan sonra kuzu eti fırından çıkarın ve dilimleyip servis etmeden önce 10 dakika dinlenmeye bırakın.

f) Altı ayrı pide cebi alın ve ⅔ su bardağı / 120 gr doğranmış konserve domates, 2 çay kaşığı / 20 gr harissa salçası, 4 çay kaşığı / 20 gr domates salçası, 1 yemek kaşığı zeytinyağı ve biraz tuz ile karıştırılarak içlerine bolca sürün. ve biber. Kuzu hazır olduğunda pideleri sıcak ızgaralı bir tavada her iki tarafında güzel yanık izleri oluşana kadar ısıtın.

g) Sıcak kuzuyu dilimleyin ve dilimleri ⅔ inç / 1,5 cm'lik şeritler halinde kesin. Bunları her sıcak pidenin üzerine üst üste koyun, tavadaki kavurma sıvısından biraz azaltın ve doğranmış soğan, kıyılmış maydanoz ve bir tutam sumak ile tamamlayın.

59. Chraimeh Soslu Somon Biftek

İÇİNDEKİLER:
- ½ su bardağı / 110 ml ayçiçek yağı
- 3 yemek kaşığı çok amaçlı un
- 4 somon bifteği, yaklaşık 1 lb / 950 g
- 6 diş sarımsak, iri kıyılmış
- 2 çay kaşığı tatlı kırmızı biber
- 1 yemek kaşığı kimyon tohumu, kuru kızartılmış ve taze öğütülmüş
- 1½ çay kaşığı öğütülmüş kimyon
- yuvarlak ¼ çay kaşığı acı biber
- yuvarlak ¼ çay kaşığı öğütülmüş tarçın
- 1 yeşil şili, iri doğranmış
- ⅔ su bardağı / 150 ml su
- 3 yemek kaşığı domates salçası
- 2 çay kaşığı ince şeker
- 4 dilime kesilmiş 1 limon ve 2 yemek kaşığı taze sıkılmış limon suyu
- 2 yemek kaşığı iri kıyılmış kişniş
- tuz ve taze çekilmiş karabiber

TALİMATLAR:

a) Kapağı olan geniş bir tavada 2 yemek kaşığı ayçiçek yağını yüksek ateşte ısıtın. Unu sığ bir kaseye koyun, tuz ve karabiber ekleyin ve balıkları içine atın. Fazla unu silkeleyin ve balıkların her iki tarafını da altın rengi olana kadar bir veya iki dakika kızartın. Balıkları çıkarın ve tavayı temizleyin.

b) Sarımsağı, baharatları, kırmızı biberi ve 2 yemek kaşığı ayçiçek yağını bir mutfak robotuna koyun ve kalın bir macun oluşturmak için karıştırın. Her şeyi bir araya getirmek için biraz daha yağ eklemeniz gerekebilir.

c) Kalan yağı tavaya dökün, iyice ısıtın ve baharat salçasını ekleyin. Baharatların yanmaması için sadece 30 saniye karıştırın ve kızartın. Baharatların pişmesini önlemek için suyu ve salçayı hızlı ama dikkatli bir şekilde (tükürebilir!) ekleyin. Kaynamaya bırakın ve şekeri, limon suyunu, ¾ çay kaşığı tuzu ve biraz karabiberi ekleyin. Baharat için tadın.

ç) Balıkları sosa koyun, hafif kaynatın, tavanın kapağını kapatın ve balığın büyüklüğüne bağlı olarak 7 ila 11 dakika pişene kadar pişirin. Tavayı ocaktan alıp kapağını açın ve soğumaya bırakın. Balıkları ılık veya oda sıcaklığında servis edin. Her porsiyonu kişniş ve limon dilimiyle süsleyin.

60. Marine Edilmiş Tatlı ve Ekşi Balık

İÇİNDEKİLER:

- 3 yemek kaşığı zeytinyağı
- 2 orta boy soğan, ⅜ inç / 1 cm dilimler halinde kesilmiş (toplamda 3 bardak / 350 g)
- 1 yemek kaşığı kişniş tohumu
- 2 biber (1 kırmızı ve 1 sarı), uzunlamasına ikiye bölünmüş, çekirdekleri çıkarılmış ve ⅜ inç / 1 cm genişliğinde şeritler halinde kesilmiş (3 bardak / toplam 300 g)
- 2 diş sarımsak, ezilmiş
- 3 defne yaprağı
- 1½ yemek kaşığı köri tozu
- 3 adet doğranmış domates (2 su bardağı / toplam 320 gr)
- 2½ yemek kaşığı şeker
- 5 yemek kaşığı elma sirkesi
- 1 lb / 500 g pollock, morina, pisi balığı, mezgit balığı veya diğer beyaz balık filetosu, 4 eşit parçaya bölünmüş
- toz almak için terbiyeli çok amaçlı un
- 2 ekstra büyük yumurta, dövülmüş
- ⅓ bardak / 20 gr doğranmış kişniş

tuz ve taze çekilmiş karabiber

TALİMATLAR:

a) Fırını önceden 375°F / 190°C'ye ısıtın.

b) 2 yemek kaşığı zeytinyağını büyük bir fırına dayanıklı kızartma tavasında veya Hollandalı fırında orta ateşte ısıtın. Soğanları ve kişniş tohumlarını ekleyin ve sık sık karıştırarak 5 dakika pişirin. Biberleri ekleyip 10 dakika daha pişirin. Sarımsak, defne yaprağı, köri tozu ve domatesleri ekleyin ve ara sıra karıştırarak 8 dakika daha pişirin. Şekeri, sirkeyi, 1½ çay kaşığı tuzu ve biraz karabiberi ekleyip 5 dakika daha pişirmeye devam edin.

c) Bu arada kalan 1 yemek kaşığı yağı ayrı bir tavada orta-yüksek ateşte ısıtın. Balıkları biraz tuz serpin, una, ardından yumurtaya batırın ve bir kez çevirerek yaklaşık 3 dakika kızartın. Fazla yağı emmesi için balıkları kağıt havlulara aktarın, ardından biber ve soğanla birlikte tavaya ekleyin, sebzeleri bir kenara iterek balığın tavanın dibine oturmasını sağlayın. Balığın sıvıya batırılmasına yetecek kadar su (yaklaşık 1 bardak / 250 ml) ekleyin.

ç) Balık pişene kadar tavayı 10 ila 12 dakika fırına koyun. Fırından çıkarıp oda sıcaklığına soğumaya bırakın. Balık artık servis edilebilir, ancak aslında buzdolabında bir veya iki gün bekletildikten sonra daha iyi olur . Servis yapmadan önce tadına bakın, gerekirse tuz ve karabiber ekleyin ve kişnişle süsleyin.

YAN YEMEK VE SALATALAR

61.Suriye Spagetti

İÇİNDEKİLER:
- 1 (16 ons) paket spagetti
- 1 (8 ons) kutu domates sosu
- 1 (6 ons) kutu domates salçası
- 1 çay kaşığı öğütülmüş tarçın
- ¼ bardak bitkisel yağ
- Tatmak için biber ve tuz

TALİMATLAR:
a) Fırını önceden 350 derece F'ye (175 derece C) ısıtın. 9x13 inçlik bir pişirme kabını yağlayın.
b) Büyük bir tencerede hafif tuzlu suyu kaynatın.
c) Spagetti ekleyin ve 8 ila 10 dakika veya al dente olana kadar pişirin.
ç) Spagettiyi süzün ve domates sosu, salça, tarçın, bitkisel yağ, tuz ve karabiberi ekleyip karıştırın.
d) Spagetti karışımını hazırlanan pişirme kabına aktarın.
e) Önceden ısıtılmış fırında 1 saat veya üstü çıtır olana kadar pişirin.
f) Piştikten sonra fırından çıkarın ve birkaç dakika soğumaya bırakın.
g) Suriye spagettisini sıcak olarak servis edin.

62. Ters Patlıcan

İÇİNDEKİLER:
- 1 kg Patlıcan
- Bir tutam tuz
- 2 su bardağı Bitkisel Yağ
- Bir tutam kırmızı biber
- 3 bardak Su
- Bir tutam tarçın tozu
- 300 gr Dana kıyma
- 1 1/2 su bardağı Pirinç (yıkanmış ve süzülmüş)
- 2 yemek kaşığı kavrulmuş çam fıstığı

TALİMATLAR:
a) Patlıcanı 12 yuvarlak ince dilime kesin, ardından bir kapta suda 10 dakika bekletin. Patlıcan dilimlerini ıslattıktan sonra çıkarın ve kurulayın.
b) Yağı ısıtın ve patlıcanları porsiyonlar halinde ekleyin. Patlıcanların her iki tarafını da kızartın.
c) Süzülmesi için mutfak kağıdına koyun ve bir kenara koyun.
ç) Başka bir tavada çam fıstıklarını az yağda kavurun.
d) Eti yapışmaz bir tavaya koyun, ateşte kahverengileşinceye kadar sürekli karıştırın.
e) Ete baharatları ve tuzu ekleyip iyice karıştırın.
f) Bir tencereye patlıcan dilimlerini koyun, ardından çiğ pirinci bir buçuk bardak su, biraz tuz ve yağla birlikte koyun. Pirinç pişene kadar kapağını kapatın.
g) Derin bir tabağa önce çam fıstıklarını, sonra eti, sonra patlıcanı, sonra da pirinci koyun. Üzerine düz bir tabak koyun ve tabağı çevirin.

63. Kavrulmuş Karnabahar ve Fındık Salatası

İÇİNDEKİLER:

- 1 baş karnabahar, küçük çiçeklere ayrılmış (toplamda 1½ lb / 660 g)
- 5 yemek kaşığı zeytinyağı
- 1 büyük kereviz sapı, açılı olarak ¼ inç / 0,5 cm dilimler halinde kesilmiş (⅔ fincan / toplam 70 g)
- 5 yemek kaşığı / 30 gr fındık, kabuklarıyla birlikte
- ⅓ bardak / 10 gr küçük, düz yapraklı maydanoz yaprakları (toplanmış)
- ⅓ bardak / 50 gr nar taneleri (yaklaşık ½ orta boy nardan)
- cömert ¼ çay kaşığı öğütülmüş tarçın
- cömert ¼ çay kaşığı öğütülmüş yenibahar
- 1 yemek kaşığı şeri sirkesi
- 1½ çay kaşığı akçaağaç şurubu
- tuz ve taze çekilmiş karabiber

TALİMATLAR:

a) Fırını önceden 425°F / 220°C'ye ısıtın.

b) Karnabaharı 3 yemek kaşığı zeytinyağı, ½ çay kaşığı tuz ve biraz karabiberle karıştırın. Bir kızartma tavasına yayın ve karnabahar gevrekleşinceye ve bazı kısımları altın rengi kahverengiye dönene kadar 25 ila 35 dakika boyunca üst fırın rafında kızartın. Geniş bir karıştırma kabına alıp soğuması için bir kenara bırakın.

c) Fırın sıcaklığını 325°F / 170°C'ye düşürün. Fındıkları parşömen kağıdıyla kaplı bir fırın tepsisine yayın ve 17 dakika kızartın.

ç) Fındıkları biraz soğumaya bırakın, ardından irice doğrayın ve kalan yağ ve diğer malzemelerle birlikte karnabahara ekleyin. Uygun şekilde karıştırın, tadın ve tuz ve karabiberle tatlandırın. Oda sıcaklığında servis yapın.

64.Fricassee salatası

İÇİNDEKİLER:

- 4 biberiye dalı
- 4 defne yaprağı
- 3 yemek kaşığı karabiber
- yaklaşık 1⅔ bardak / 400 ml sızma zeytinyağı
- 10½ oz / 300 gr ton balığı bifteği, tek parça veya iki parça halinde
- 1⅓ lb / 600 g Yukon Altın patates, soyulmuş ve ¾ inç / 2 cm parçalar halinde kesilmiş
- ½ çay kaşığı öğütülmüş zerdeçal
- 5 hamsi filetosu, iri doğranmış
- 3 yemek kaşığı harissa ezmesi (mağazadan satın alındı veya tarife bakın)
- 4 yemek kaşığı kapari
- 2 çay kaşığı ince doğranmış konserve limon kabuğu (mağazadan satın alın veya tarife bakın)
- ½ bardak / 60 gr siyah zeytin, çekirdeği çıkarılmış ve ikiye bölünmüş
- 2 yemek kaşığı taze sıkılmış limon suyu
- 5 oz / 140 g korunmuş piquillo biberi (yaklaşık 5 biber), kaba şeritler halinde parçalanmış
- 4 büyük yumurta, sert haşlanmış, soyulmuş ve dörde bölünmüş
- 2 adet bebek marul (toplamda yaklaşık 5 oz / 140 g), yapraklar ayrılmış ve yırtılmış
- ⅔ oz / 20 g düz yapraklı maydanoz, yaprakları toplanmış ve yırtılmış
- tuz

TALİMATLAR:

a) Ton balığını hazırlamak için biberiyeyi, defne yaprağını ve karabiberi küçük bir tencereye koyup zeytinyağını ekleyin. Küçük kabarcıklar yüzeye çıkmaya başladığında yağı kaynama noktasının hemen altına kadar ısıtın. Ton balığını dikkatlice ekleyin (ton balığı tamamen örtülmeli; kapalı değilse biraz daha yağ ısıtın ve tavaya ekleyin). Ateşten alın ve birkaç saat boyunca kapağı açık olarak bir kenara bırakın, ardından tavayı kapatın ve en az 24 saat buzdolabında saklayın.

b) Patatesleri zerdeçalla birlikte bol miktarda tuzlu kaynar suda pişene kadar 10 ila 12 dakika pişirin. Zerdeçal suyunun dökülmediğinden emin olarak (lekeleri çıkarmak acı vericidir!) Dikkatlice boşaltın ve büyük bir karıştırma kabına yerleştirin. Patatesler henüz sıcakken hamsi, harissa, kapari, konserve limon, zeytin, 6 yemek kaşığı / 90 ml ton balığı konserve yağı ve yağdan çekilmiş tane karabiberin bir kısmını ekleyin. Yavaşça karıştırın ve soğumaya bırakın.

c) Ton balığını kalan yağdan çıkarın, lokma büyüklüğünde parçalara ayırın ve salataya ekleyin. Limon suyu, biber, yumurta, marul ve maydanozu ekleyin. Yavaşça atın, tadına bakın, gerekiyorsa tuz ve muhtemelen daha fazla yağ ekleyin, sonra servis yapın.

65. Fasoliyyeh Bi Z-Zayt (Zeytinyağlı Yeşil Fasulye)

İÇİNDEKİLER:
- 1 (16 ons) paket dondurulmuş kesilmiş yeşil fasulye
- ¼ bardak sızma zeytinyağı
- Tatmak için tuz
- 1 diş sarımsak, kıyılmış
- ¼ bardak doğranmış taze kişniş

TALİMATLAR:
a) Dondurulmuş kesilmiş yeşil fasulyeleri büyük bir tencereye koyun.
b) Sızma zeytinyağını gezdirin ve tuzla tatlandırın.
c) Tencerenin kapağını kapatıp orta ateşte ara sıra karıştırarak pişirin.
ç) Yeşil fasulyeler istediğiniz donanıma ulaşana kadar pişirin. Suriyeliler genellikle bunları rengi kahverengiye dönene kadar pişiriyorlar. Amaç, onları sotelemek değil, buz kristallerinin saldığı nemde buharlaşmasını sağlamaktır.
d) Yeşil fasulyeler piştikten sonra doğranmış taze kişnişi ve kıyılmış sarımsağı tencereye ekleyin.
e) Kişniş solmaya başlayana kadar pişirmeye devam edin.
f) Fasoliyyeh Bi Z-Zayt'ı sıcak pide ekmeğiyle birlikte ana yemek olarak yiyin veya lezzetli bir garnitür olarak servis edin.

66. Safranlı Tavuk ve Bitki Salatası

İÇİNDEKİLER:

- 1 portakal
- 2½ yemek kaşığı / 50 gr bal
- ½ çay kaşığı safran iplikleri
- 1 yemek kaşığı beyaz şarap sirkesi
- 1¼ bardak / yaklaşık 300 ml su
- 2¼ lb / 1 kg derisiz, kemiksiz tavuk göğsü
- 4 yemek kaşığı zeytinyağı
- 2 küçük rezene soğanı, ince dilimlenmiş
- 1 bardak / 15 gr toplanmış kişniş yaprağı
- ⅔ bardak / 15 gr toplanmış fesleğen yaprağı, yırtılmış
- 15 adet koparılmış nane yaprağı, yırtılmış
- 2 yemek kaşığı taze sıkılmış limon suyu
- 1 kırmızı şili, ince dilimlenmiş
- 1 diş sarımsak, ezilmiş
- tuz ve taze çekilmiş karabiber

TALİMATLAR:

a) Fırını önceden 400°F / 200°C'ye ısıtın. Portakalın üst kısmından ve kuyruğundan ⅜ inç / 1 cm kesip atın ve kabuğunu açık tutarak 12 dilime kesin. Tohumları çıkarın.

b) Dilimleri bal, safran, sirke ve portakal dilimlerini kaplayacak kadar su ile küçük bir tencereye koyun. Kaynatın ve yaklaşık bir saat kadar yavaşça pişirin. Sonunda elinizde yumuşak portakal ve yaklaşık 3 yemek kaşığı kalın şurup kalmalıdır; Sıvı çok azalırsa pişirme sırasında su ekleyin. Portakalı ve şurubu pürüzsüz, akıcı bir macun haline getirmek için bir mutfak robotu kullanın; gerekirse tekrar biraz su ekleyin.

c) Tavuk göğsünü zeytinyağının yarısı, bol tuz ve karabiberle karıştırıp çok kızgın ızgaralı tavaya dizin. Her tarafta net kömür izleri elde etmek için her iki tarafta yaklaşık 2 dakika kızartın. Bir kızartma tavasına aktarın ve pişene kadar 15 ila 20 dakika fırında tutun.

ç) Tavuk elle tutulabilecek kadar soğuduğunda ama yine de sıcak olduğunda, ellerinizle kaba, oldukça büyük parçalara ayırın. Büyük bir karıştırma kabına yerleştirin, portakal ezmesinin yarısını üzerine dökün ve iyice karıştırın. (Diğer yarısını buzdolabında birkaç gün saklayabilirsiniz. Uskumru, somon gibi yağlı balıkların yanında servis edeceğiniz otlu salsaya iyi bir katkı olacaktır.) Kalan malzemeleri de dahil olmak üzere salataya ekleyin. zeytinyağı ve yavaşça fırlatın. Tadına bakın, tuz ve karabiber ekleyin ve gerekirse daha fazla zeytinyağı ve limon suyu ekleyin.

67. Labneli kök sebze salatası

İÇİNDEKİLER:

- 3 orta boy pancar (toplamda 1 lb / 450 g)
- 2 orta boy havuç (toplamda 9 oz / 250 g)
- ½ kereviz kökü (toplamda 10 oz / 300 g)
- 1 orta boy alabaş (toplamda 9 oz / 250 g)
- 4 yemek kaşığı taze sıkılmış limon suyu
- 4 yemek kaşığı zeytinyağı
- 3 yemek kaşığı şeri sirkesi
- 2 çay kaşığı ince şeker
- ¾ bardak / 25 gr kişniş yaprağı, iri doğranmış
- ¾ bardak / 25 gr nane yaprağı, kıyılmış
- ⅔ bardak / 20 gr düz yapraklı maydanoz yaprağı, iri kıyılmış
- ½ yemek kaşığı rendelenmiş limon kabuğu rendesi
- 1 bardak / 200 gr labne (mağazadan satın alındı veya tarife bakın)
- tuz ve taze çekilmiş karabiber
- Tüm sebzeleri soyun ve ince ince dilimleyin, yaklaşık 1/16 küçük acı biber, ince doğranmış

TALİMATLAR:

a) Limon suyunu, zeytinyağını, sirkeyi, şekeri ve 1 çay kaşığı tuzu küçük bir tencereye koyun. Hafif bir kaynamaya getirin ve şeker ve tuz eriyene kadar karıştırın. Isıdan çıkarın.

b) Sebze şeritlerini boşaltın ve iyice kuruması için bir kağıt havluya aktarın. Kaseyi kurutun ve sebzeleri değiştirin. Sıcak sosu sebzelerin üzerine dökün, iyice karıştırın ve soğumaya bırakın. En az 45 dakika buzdolabında bekletin.

c) Servis etmeye hazır olduğunuzda salataya otlar, limon kabuğu rendesi ve 1 çay kaşığı karabiber ekleyin. İyice karıştırın, tadın ve gerekirse daha fazla tuz ekleyin. Servis tabaklarına paylaştırıp, yanında labne ile servis yapın.

68.Suriye Ekmek Salatası

İÇİNDEKİLER:
- 3 (6 inç) pide ekmeği, ısırık büyüklüğünde parçalara bölünmüş
- 1 küçük kırmızı soğan, doğranmış
- 1 orta boy İngiliz salatalığı, soyulmuş ve 1/2 inçlik zarlar halinde kesilmiş
- 1/4 bardak çekirdekleri çıkarılmış, salamurayla kürlenmiş siyah zeytin
- 2 diş sarımsak, kıyılmış
- 1 limonun suyu 1
- Öğütülmüş kırmızı biberi sıkıştırın

TALİMATLAR:
a) Fırını önceden 350°F'ye ısıtın. Pide parçalarını bir fırın tepsisine tek kat halinde yerleştirin. Hafifçe kızarana kadar yaklaşık 10 dakika pişirin, ardından büyük bir kaseye aktarın.

b) Domates, soğan, salatalık, dolmalık biber, zeytin ve maydanozu ekleyin. Bir kenara koyun.

c) Küçük bir kapta sarımsak, limon suyu, tuz, kırmızı biber ve yağı birleştirin. İyice karıştırıp salatanın üzerine dökün. Birleştirmek ve servis yapmak için yavaşça atın.

69.tabbouleh

İÇİNDEKİLER:

- 1 su bardağı bulgur
- 2 su bardağı kaynar su
- 3 su bardağı taze maydanoz, ince doğranmış
- 1 su bardağı taze nane, ince doğranmış
- 4 adet domates, ince doğranmış
- 1 salatalık, ince doğranmış
- 1/2 kırmızı soğan, ince doğranmış
- 1/4 su bardağı zeytinyağı
- 2 limonun suyu
- Tatmak için biber ve tuz

TALİMATLAR:

a) Bulguru bir kaseye koyun ve üzerine kaynar su dökün. Kapağı kapatın ve yaklaşık 20 dakika veya su emilene kadar bekletin.
b) Bulguru çatalla kabartıp soğumaya bırakın.
c) Büyük bir kapta doğranmış maydanozu, naneyi, domatesi, salatalık ve kırmızı soğanı birleştirin.
ç) Soğuyan bulguru sebzelere ekleyin.
d) Küçük bir kapta zeytinyağı, limon suyu, tuz ve karabiberi birlikte çırpın. Salatanın üzerine dökün ve birleştirmek için fırlatın.
e) Baharatını damak tadınıza göre ayarlayın ve servis etmeden önce buzdolabında saklayın.

70.Salatat Banadora (Suriye Domates Salatası)

İÇİNDEKİLER:
- 4 büyük domates, doğranmış
- 1 salatalık, doğranmış
- 1 kırmızı soğan, ince doğranmış
- 1/4 su bardağı taze maydanoz, doğranmış
- 1/4 su bardağı taze nane, doğranmış
- 2 yemek kaşığı zeytinyağı
- 1 limonun suyu
- Tatmak için biber ve tuz
- Ufalanmış beyaz peynir (isteğe bağlı)

TALİMATLAR:

a) Büyük bir kapta doğranmış domatesleri, salatalıkları, doğranmış kırmızı soğanı, maydanozu ve naneyi birleştirin.
b) Küçük bir kapta zeytinyağı, limon suyu, tuz ve karabiberi birlikte çırpın.
c) Sosu salatanın üzerine dökün ve birleştirmek için fırlatın.
ç) İsteğe göre servis yapmadan önce üzerine ufalanmış beyaz peynir serpebilirsiniz.

71. Karışık Fasulye Salatası

İÇİNDEKİLER:

- 10 oz / 280 g sarı fasulye, ayıklanmış (mevcut değilse, yeşil fasulye miktarının iki katı)
- 10 oz / 280 gr yeşil fasulye, doğranmış
- 2 kırmızı biber, ¼ inç / 0,5 cm şeritler halinde kesilmiş
- 3 yemek kaşığı zeytinyağı, ayrıca biberler için 1 çay kaşığı
- 3 diş sarımsak, ince dilimlenmiş
- 6 yemek kaşığı / 50 gr kapari, durulanmış ve kurulayın
- 1 çay kaşığı kimyon tohumu
- 2 çay kaşığı kişniş tohumu
- 4 yeşil soğan, ince dilimlenmiş
- ⅓ bardak / 10 gr tarhun, iri kıyılmış
- ⅔ bardak / 20 gr çekilmiş frenk maydanozu yaprağı (veya toplanmış dereotu ve kıyılmış maydanoz karışımı)
- 1 limonun rendelenmiş kabuğu
- tuz ve taze çekilmiş karabiber

TALİMATLAR:

a) Fırını önceden 450°F / 220°C'ye ısıtın.
b) Büyük bir tavayı bol suyla kaynatın ve sarı fasulyeleri ekleyin. 1 dakika sonra yeşil fasulyeleri ekleyin ve 4 dakika daha veya fasulyeler tamamen pişip hâlâ çıtır olana kadar pişirin. Buzlu su altında tazeleyin, süzün, kurulayın ve büyük bir karıştırma kabına yerleştirin.
c) Bu arada biberleri 1 çay kaşığı yağa atın, bir fırın tepsisine yayın ve 5 dakika veya yumuşayana kadar fırında bekletin. Fırından çıkarın ve pişmiş fasulyelerin bulunduğu kaseye ekleyin.
ç) 3 yemek kaşığı zeytinyağını küçük bir tencerede ısıtın. Sarımsakları ekleyin ve 20 saniye pişirin; kaparileri ekleyin (dikkat edin, tükürürler!) ve 15 saniye daha kızartın.
d) Kimyon ve kişniş tohumlarını ekleyin ve 15 saniye daha kızartmaya devam edin. Sarımsak şimdiye kadar altın rengine dönmüş olmalıydı. Ateşten alın ve tavanın içindekileri hemen fasulyelerin üzerine dökün. Yeşil soğanları, otları, limon kabuğu rendesini, ¼ çay kaşığı tuzu ve karabiberi atıp ekleyin.
e) Servis yapın veya bir güne kadar buzdolabında saklayın. Servis yapmadan önce oda sıcaklığına getirmeyi unutmayın.

72. Alabaş Salatası

İÇİNDEKİLER:
- 3 orta boy alabaş (toplamda 1⅔ lb / 750 g)
- ⅓ su bardağı / 80 gr Yunan yoğurdu
- 5 yemek kaşığı / 70 gr ekşi krema
- 3 yemek kaşığı mascarpone peyniri
- 1 küçük diş sarımsak, ezilmiş
- 1½ çay kaşığı taze sıkılmış limon suyu
- 1 yemek kaşığı zeytinyağı
- 2 yemek kaşığı ince kıyılmış taze nane
- 1 çay kaşığı kuru nane
- yaklaşık 12 dal / 20 gr bebek su teresi
- ¼ çay kaşığı sumak
- tuz ve beyaz biber

TALİMATLAR:
a) Alabaşları soyun, ⅔ inç / 1,5 cm'lik zarlar halinde kesin ve büyük bir karıştırma kabına koyun. Bir kenara koyun ve pansumanı yapın.

b) Orta boy bir kaseye yoğurt, ekşi krema, mascarpone, sarımsak, limon suyu ve zeytinyağını koyun. ¼ çay kaşığı tuz ve sağlıklı öğütülmüş karabiber ekleyin ve pürüzsüz hale gelinceye kadar çırpın. Alabaşlara sosu, ardından taze ve kuru naneyi ve su teresinin yarısını ekleyin.

c) Yavaşça karıştırdıktan sonra servis tabağına alın. Geriye kalan su teresini üzerine serpin ve sumak serpin.

73. Baharatlı Nohut ve Sebze Salatası

İÇİNDEKİLER:

- ½ su bardağı / 100 gr kuru nohut
- 1 çay kaşığı kabartma tozu
- 2 küçük salatalık (toplamda 10 oz / 280 g)
- 2 büyük domates (toplamda 10½ oz / 300 g)
- 8½ oz / 240 gr turp
- 1 kırmızı biber, çekirdeği çıkarılmış ve kaburgaları çıkarılmış
- 1 küçük kırmızı soğan, soyulmuş
- ⅔ oz / 20 g kişniş yaprakları ve sapları, iri doğranmış
- ½ oz / 15 gr düz yapraklı maydanoz, iri kıyılmış
- 6 yemek kaşığı / 90 ml zeytinyağı
- 1 limonun rendelenmiş kabuğu ve 2 yemek kaşığı meyve suyu
- 1½ yemek kaşığı şeri sirkesi
- 1 diş sarımsak, ezilmiş
- 1 çay kaşığı ince şeker
- 1 çay kaşığı öğütülmüş kakule
- 1½ çay kaşığı öğütülmüş yenibahar
- 1 çay kaşığı öğütülmüş kimyon
- Yunan yoğurdu (isteğe bağlı)
- tuz ve taze çekilmiş karabiber

TALİMATLAR:

a) Kurutulmuş nohutları büyük bir kapta bol soğuk su ve karbonatla bir gece önceden ıslatın. Ertesi gün süzün, büyük bir tencereye koyun ve nohutların hacminin iki katı kadar suyla kaplayın. Kaynatın ve tamamen yumuşayana kadar yaklaşık bir saat kadar köpüğünü alarak pişirin, ardından süzün.

b) Salatalığı, domatesi, turpu ve biberi ⅔ inç / 1,5 cm'lik zarlar halinde kesin; soğanı ¼ inç / 0,5 cm'lik zarlar halinde kesin. Hepsini bir kapta kişniş ve maydanozla karıştırın.

c) Bir kavanoz veya kapatılabilir kapta 5 yemek kaşığı / 75 ml zeytinyağı, limon suyu ve kabuğu rendesi, sirke, sarımsak ve şekeri karıştırın ve bir sos oluşturmak için iyice karıştırın, ardından tuz ve karabiberle tatlandırın. Sosu salatanın üzerine dökün ve hafifçe karıştırın.

ç) Kakule, yenibahar, kimyon ve ¼ çay kaşığı tuzu karıştırıp bir tabağa yayın. Pişmiş nohutları iyice kaplayacak şekilde birkaç parti halinde baharat karışımına atın. Kalan zeytinyağını bir tavada orta ateşte ısıtın ve nohutları 2-3 dakika kadar hafifçe kızartın, tavayı hafifçe sallayarak eşit şekilde pişmesini ve yapışmamasını sağlayın. Sıcak tutun.

d) Salatayı geniş bir daire şeklinde düzenleyerek dört tabağa paylaştırın ve üzerine sıcak baharatlı nohutları salatanın kenarlarını açık kalacak şekilde kaşıklayın. Salatayı kremsi hale getirmek için üzerine biraz Yunan yoğurdu gezdirebilirsiniz.

74.Baharatlı Pancar, Pırasa ve Ceviz Salatası

İÇİNDEKİLER:
- 4 orta boy pancar (pişirilip soyulduktan sonra toplam ⅓ lb / 600 g)
- 4 orta boy pırasa, 4 inç / 10 cm'lik dilimler halinde kesilmiş (toplamda 4 bardak / 360 g)
- ½ oz / 15 gr kişniş, iri kıyılmış
- 1¼ bardak / 25 gr roka
- ⅓ su bardağı / 50 gr nar taneleri (isteğe bağlı)
- PANSUMAN
- 1 su bardağı / 100 gr ceviz, iri kıyılmış
- 4 diş sarımsak, ince doğranmış
- ½ çay kaşığı şili gevreği
- ¼ bardak / 60 ml elma sirkesi
- 2 yemek kaşığı demirhindi suyu
- ½ çay kaşığı ceviz yağı
- 2½ yemek kaşığı fıstık yağı
- 1 çay kaşığı tuz

TALİMATLAR:

a) Fırını önceden 425°F / 220°C'ye ısıtın.
b) Pancarları tek tek alüminyum folyoya sarın ve büyüklüklerine göre fırında 1 ila 1½ saat kadar kavurun. Pişirdikten sonra küçük bir bıçağı ortasına kolayca saplayabilmelisiniz. Fırından çıkarıp soğuması için bir kenara bırakın.
c) İşlenecek kadar soğuduktan sonra pancarları soyun, ikiye bölün ve her yarımı tabanda ⅜ inç / 1 cm kalınlığında dilimler halinde kesin. Orta boy bir kaseye koyun ve bir kenara koyun.
ç) Pırasaları tuzlu suyla orta boy bir tencereye koyun, kaynatın ve pişene kadar 10 dakika pişirin; Parçalanmamaları için yavaşça kaynatmak ve fazla pişirmemek önemlidir. Süzün ve soğuk su altında tazeleyin, ardından çok keskin bir tırtıklı bıçak kullanarak her parçayı 3 küçük parçaya bölün ve kurulayın. Pancarlardan ayrı bir kaseye aktarın ve bir kenara koyun.
d) Sebzeler pişerken sos malzemelerini karıştırın ve tüm lezzetlerin bir araya gelmesi için en az 10 dakika bir kenarda bekletin.
e) Ceviz sosunu ve kişnişi pancar ve pırasaların arasına eşit olarak paylaştırın ve yavaşça atın. Her ikisini de tadın ve gerekirse daha fazla tuz ekleyin.
f) Salatayı bir araya getirmek için, pancarların çoğunu servis tabağına yayın, üzerine biraz roka ekleyin, ardından pırasanın çoğunu, ardından kalan pancarları ekleyin ve daha fazla pırasa ve roka ile tamamlayın. Kullanıyorsanız üzerine nar taneleri serpip servis yapın.

75.Bol kabak ve domates salatası

İÇİNDEKİLER:

- 8 soluk yeşil kabak veya normal kabak (toplamda yaklaşık 2¼ lb / 1 kg)
- 5 büyük, çok olgun domates (toplamda 1¾ lb / 800 g)
- 3 yemek kaşığı zeytinyağı, artı bitirmek için ekstra
- 2½ bardak / 300 gr Yunan yoğurdu
- 2 diş sarımsak, ezilmiş
- 2 kırmızı biber, çekirdeği çıkarılmış ve doğranmış
- 1 orta boy limonun rendelenmiş kabuğu ve 2 yemek kaşığı taze sıkılmış limon suyu
- 1 yemek kaşığı hurma şurubu, artı bitirmek için ekstra
- 2 su bardağı / 200 gr ceviz, iri kıyılmış
- 2 yemek kaşığı kıyılmış nane
- ⅔ oz / 20 gr düz yapraklı maydanoz, doğranmış
- tuz ve taze çekilmiş karabiber

TALİMATLAR:

a) Fırını önceden 425°F / 220°C'ye ısıtın. Yüksek ateşte çıkıntılı bir ızgara tavası yerleştirin.

b) Kabakları ayıklayıp uzunlamasına ikiye bölün. Domatesleri de ikiye bölün. Kabak ve domateslerin kesilmiş tarafını zeytinyağıyla yağlayın ve tuz ve karabiberle tatlandırın.

c) Şu ana kadar ızgara tavası çok sıcak olmalı. Kabak ile başlayın. Birkaçını tavaya yerleştirin, tarafı aşağı gelecek şekilde kesin ve 5 dakika pişirin; kabakların bir tarafı güzelce kızartılmalıdır. Şimdi kabakları çıkarın ve aynı işlemi domateslerle tekrarlayın. Sebzeleri bir kızartma tavasına koyun ve kabaklar iyice yumuşayana kadar yaklaşık 20 dakika fırında bekletin.

ç) Tavayı fırından çıkarın ve sebzelerin biraz soğumasını bekleyin. Bunları irice doğrayın ve 15 dakika boyunca bir kevgir içinde süzülmeye bırakın.

d) Yoğurt, sarımsak, şili, limon kabuğu rendesi, meyve suyu ve pekmezi geniş bir karıştırma kabında çırpın. Doğranmış sebzeleri, cevizi, naneyi ve maydanozun çoğunu ekleyin ve iyice karıştırın. ¾ çay kaşığı tuz ve biraz karabiber ekleyin.

e) Salatayı geniş, sığ bir servis tabağına aktarın ve yayın. Kalan maydanozla süsleyin. Son olarak üzerine biraz hurma pekmezi ve zeytinyağı gezdirin.

76. Maydanoz ve Arpa Salatası

İÇİNDEKİLER:

- ¼ bardak / 40 gr inci arpa
- 5 oz / 150 gr beyaz peynir
- 5½ yemek kaşığı zeytinyağı
- 1 çay kaşığı za'atar
- ½ çay kaşığı kişniş tohumu, hafifçe kızartılmış ve ezilmiş
- ¼ çay kaşığı öğütülmüş kimyon
- 3 oz / 80 gr düz yapraklı maydanoz, yapraklar ve ince saplar
- 4 adet yeşil soğan, ince doğranmış (⅓ su bardağı / toplam 40 gr)
- 2 diş sarımsak, ezilmiş
- ⅓ bardak / 40 gr kaju fıstığı, hafifçe kızartılmış ve kabaca ezilmiş
- 1 yeşil biber, çekirdekleri çıkarılmış ve ⅜ inç / 1 cm'lik zarlar halinde kesilmiş
- ½ çay kaşığı öğütülmüş yenibahar
- 2 yemek kaşığı taze sıkılmış limon suyu
- tuz ve taze çekilmiş karabiber

TALİMATLAR:

a) İnci arpayı küçük bir tencereye koyun, üzerini bol suyla örtün ve yumuşayana kadar ama bir ısırıkla 30 ila 35 dakika kaynatın. İnce bir eleğe dökün, tüm suyu çıkarmak için sallayın ve büyük bir kaseye aktarın.

b) Beyaz peyniri yaklaşık ¾ inç / 2 cm boyutunda kaba parçalara bölün ve küçük bir kasede 1½ yemek kaşığı zeytinyağı, za'atar, kişniş tohumu ve kimyonla karıştırın. Yavaşça karıştırın ve salatanın geri kalanını hazırlarken marine etmeye bırakın.

c) Maydanozu ince ince kıyın ve yeşil soğan, sarımsak, kaju fıstığı, biber, yenibahar, limon suyu, kalan zeytinyağı ve pişmiş arpa ile birlikte bir kaseye koyun. İyice karıştırın ve tadına göre baharatlayın. Servis yapmak için salatayı dört tabağa bölün ve üzerine marine edilmiş beyaz peynir ekleyin.

77.Fattuş Salatası

İÇİNDEKİLER:

- 2 domates, doğranmış
- 1 salatalık, doğranmış
- 1 kırmızı soğan, ince doğranmış
- 1 yeşil dolmalık biber, doğranmış
- 1 bardak turp, dilimlenmiş
- 1 su bardağı taze maydanoz, doğranmış
- 1 su bardağı kızarmış pide ekmeği, parçalara ayrılmış
- 1/4 su bardağı zeytinyağı
- 2 yemek kaşığı limon suyu
- 1 çay kaşığı öğütülmüş sumak
- Tatmak için biber ve tuz

TALİMATLAR:

a) Büyük bir kapta domates, salatalık, kırmızı soğan, yeşil dolmalık biber, turp ve maydanozu birleştirin.
b) Kızartılmış pide ekmek parçalarını ekleyin.
c) Küçük bir kapta zeytinyağı, limon suyu, sumak, tuz ve karabiberi birlikte çırpın.
ç) Sosu salatanın üzerine dökün ve servis etmeden önce hafifçe karıştırın.

78. Baharatlı havuç salatası

İÇİNDEKİLER:

- 6 büyük havuç, soyulmuş (toplamda yaklaşık 1½ lb / 700 g)
- 3 yemek kaşığı ayçiçek yağı
- 1 büyük soğan, ince doğranmış (2 su bardağı / toplam 300 gr)
- 1 yemek kaşığı Pilpelchuma veya 2 yemek kaşığı harissa (mağazadan satın alındı veya tarife bakın)
- ½ çay kaşığı öğütülmüş kimyon
- ½ çay kaşığı taze çekilmiş kimyon tohumu
- ½ çay kaşığı şeker
- 3 yemek kaşığı elma sirkesi
- 1½ su bardağı / 30 gr roka yaprağı
- tuz

TALİMATLAR:

a) Havuçları büyük bir tencereye koyun, üzerini suyla örtün ve kaynatın. Isıyı azaltın, kapağını kapatın ve havuçlar yumuşayana kadar yaklaşık 20 dakika pişirin. Süzün ve elle tutulacak kadar soğuduktan sonra ¼ inç / 0,5 cm dilimler halinde kesin.

b) Havuçlar pişerken yağın yarısını büyük bir tavada ısıtın. Soğanı ekleyin ve orta ateşte, altın rengi kahverengi olana kadar 10 dakika pişirin.

c) Kızartılmış soğanı geniş bir karıştırma kabına alın ve pilpelchuma, kimyon, kimyon, ¾ çay kaşığı tuz, şeker, sirke ve kalan yağı ekleyin. Havuçları ekleyin ve iyice atın. Aromaların olgunlaşması için en az 30 dakika bekletin.

ç) Salatayı geniş bir tabağa yerleştirin, üzerine roka serpiştirin.

ÇORBALAR

79.Gül suyu ile su teresi ve nohut çorbası

İÇİNDEKİLER:
- 2 orta boy havuç (toplamda 9 oz / 250 g), ¾ inç / 2 cm'lik zarlar halinde kesilmiş
- 3 yemek kaşığı zeytinyağı
- Öğleden sonra 2½ çay kaşığı
- ½ çay kaşığı öğütülmüş tarçın
- 1½ su bardağı / 240 gr pişmiş nohut, taze veya konserve
- 1 orta boy soğan, ince dilimlenmiş
- 2½ yemek kaşığı / 15 gr soyulmuş ve ince doğranmış taze zencefil
- 2½ bardak / 600 ml sebze suyu
- 7 oz / 200 gr su teresi
- 3½ oz / 100 gr ıspanak yaprağı
- 2 çay kaşığı ince şeker
- 1 çay kaşığı gül suyu
- tuz
- Yunan yoğurdu, servis etmek için (isteğe bağlı)
- Fırını önceden 425°F / 220°C'ye ısıtın.

TALİMATLAR:
a) Havuçları 1 yemek kaşığı zeytinyağı, ras el hanout, tarçın ve bir tutam tuzla karıştırın ve parşömen kağıdıyla kaplı bir kızartma tavasına düz bir şekilde yayın. 15 dakika kadar fırında tutun, ardından nohutların yarısını ekleyin, iyice karıştırın ve havuç yumuşayıp hâlâ bir ısırık hissi verene kadar 10 dakika daha pişirin.

b) Bu arada soğanı ve zencefili büyük bir tencereye koyun. Kalan zeytinyağıyla birlikte orta ateşte, soğan tamamen yumuşak ve altın rengi oluncaya kadar yaklaşık 10 dakika soteleyin. Kalan nohutları, et suyunu, su teresini, ıspanağı, şekeri ve ¾ çay kaşığı tuzu ekleyin, iyice karıştırın ve kaynatın. Yapraklar solana kadar bir veya iki dakika pişirin.

c) Bir mutfak robotu veya blender kullanarak çorbayı pürüzsüz hale gelinceye kadar karıştırın. Gül suyunu ekleyin, karıştırın, tadın ve isterseniz daha fazla tuz veya gül suyu ekleyin. Havuç ve nohut hazır olana kadar bir kenara koyun, ardından tekrar ısıtarak servis yapın.

ç) Servis yapmak için çorbayı dört kaseye bölün ve üzerine sıcak havuç ve nohutu ve isterseniz porsiyon başına yaklaşık 2 çay kaşığı yoğurt ekleyin.

80. Sıcak yoğurt ve arpa çorbası

İÇİNDEKİLER:

- 6¾ bardak / 1,6 litre su
- 1 su bardağı / 200 gr inci arpa
- 2 orta boy soğan, ince doğranmış
- 1½ çay kaşığı kuru nane
- 4 yemek kaşığı / 60 gr tuzsuz tereyağı
- 2 büyük yumurta, dövülmüş
- 2 su bardağı / 400 gr Yunan yoğurdu
- ⅔ oz / 20 gr taze nane, doğranmış
- ⅓ oz / 10 gr düz yapraklı maydanoz, doğranmış
- 3 yeşil soğan, ince dilimlenmiş
- tuz ve taze çekilmiş karabiber

TALİMATLAR:

a) Suyu büyük bir tencerede arpayla birlikte kaynatın, 1 çay kaşığı tuz ekleyin ve arpa pişene kadar ama yine de al dente olana kadar 15 ila 20 dakika pişirin. Isıdan çıkarın. Pişirdikten sonra çorba için 4¾ bardak / 1,1 litre pişirme sıvısına ihtiyacınız olacak; Buharlaşma nedeniyle elinizde daha az su kalırsa su ekleyin.

b) Arpa pişerken soğanı ve kuru naneyi orta ateşte tereyağında yumuşayana kadar yaklaşık 15 dakika soteleyin. Bunu pişmiş arpaya ekleyin.

c) Yumurtaları ve yoğurdu büyük, ısıya dayanıklı bir karıştırma kabında çırpın. Yoğurt ısınıncaya kadar arpa ve suyun bir kısmını, her seferinde bir kepçe olacak şekilde yavaş yavaş karıştırın. Bu, yoğurdu ve yumurtayı yumuşatacak ve sıcak sıvıya eklendiğinde dağılmalarını önleyecektir.

ç) Yoğurdu çorba tenceresine ekleyin ve orta ateşte, sürekli karıştırarak, çorba çok hafif bir kaynama noktasına gelinceye kadar pişirin. Ocaktan alıp doğranmış otları ve yeşil soğanları ekleyip baharatını kontrol edin.

d) Sıcak servis yapın.

81. Cannellini fasulyesi ve kuzu çorbası

İÇİNDEKİLER:

- 1 yemek kaşığı ayçiçek yağı
- 1 küçük soğan (toplamda 5 oz / 150 g), ince doğranmış
- ¼ küçük kereviz kökü, soyulmuş ve 0,5 cm'lik zarlar halinde kesilmiş (toplamda 6 oz / 170 g)
- 20 büyük diş sarımsak, soyulmuş fakat bütün
- 1 çay kaşığı öğütülmüş kimyon
- 1 lb / 500 g kuzu güveç eti (veya isterseniz dana eti), ¾ inç / 2 cm küpler halinde kesilmiş
- 7 su bardağı / 1,75 litre su
- ½ bardak / 100 gr kurutulmuş cannellini veya barbunya fasulyesi, gece boyunca bol soğuk suya batırılmış, daha sonra süzülmüş
- 7 kakule kabuğu, hafifçe ezilmiş
- ½ çay kaşığı öğütülmüş zerdeçal
- 2 yemek kaşığı domates salçası
- 1 çay kaşığı ince şeker
- 9 oz / 250 g Yukon Gold veya diğer sarı etli patates, soyulmuş ve ¾ inç / 2 cm küpler halinde kesilmiş
- tuz ve taze çekilmiş karabiber
- ekmek, servis etmek
- servis etmek için taze sıkılmış limon suyu
- doğranmış kişniş veya Zhoug

TALİMATLAR:

a) Yağı büyük bir tavada ısıtın ve soğanı ve kereviz kökünü orta-yüksek ateşte 5 dakika veya soğan kahverengileşene kadar pişirin. Sarımsak dişlerini ve kimyonu ekleyin ve 2 dakika daha pişirin. Isıyı çıkarın ve bir kenara koyun.

b) Eti ve suyu büyük bir tencereye veya orta-yüksek ateşteki Hollanda fırınına koyun, kaynatın, ısıyı düşürün ve berrak bir et suyu elde edene kadar yüzeyini sık sık sıyırarak 10 dakika pişirin. Soğan ve kereviz kökü karışımını, süzülmüş fasulyeyi, kakuleyi, zerdeçalı, salçayı ve şekeri ekleyin. Kaynatın, kapağını kapatın ve 1 saat boyunca veya etler yumuşayıncaya kadar yavaşça pişirin.

c) Patatesleri çorbaya ekleyin ve 1 çay kaşığı tuz ve ½ çay kaşığı karabiber ile tatlandırın.

ç) Tekrar kaynatın, ısıyı azaltın ve üstü açık olarak 20 dakika daha veya patatesler ve fasulyeler yumuşayıncaya kadar pişirin. Çorba kalın olmalı. Gerekirse azaltmak veya biraz su eklemek için biraz daha kabarcıklanmasına izin verin. Tadına bakın ve beğeninize daha fazla baharat ekleyin.

d) Çorbayı ekmek, biraz limon suyu ve taze doğranmış kişniş veya zhoug ile servis edin.

82. Deniz Mahsulleri ve Rezene Çorbası

İÇİNDEKİLER:

- 2 yemek kaşığı zeytinyağı
- 4 diş sarımsak, ince dilimlenmiş
- 2 rezene soğanı (toplamda 10½ oz / 300 g), kesilmiş ve ince dilimler halinde kesilmiş
- 1 büyük mumsu patates (toplamda 7 oz / 200 g), soyulmuş ve ⅔ inç / 1,5 cm küpler halinde kesilmiş
- 3 su bardağı / 700 ml balık suyu (veya tercihe göre tavuk veya sebze suyu)
- ½ orta boy konserve limon (½ oz / toplam 15 g), mağazadan satın alın veya tarife bakın
- 1 kırmızı şili, dilimlenmiş (isteğe bağlı)
- 6 domates (toplam 14 oz / 400 g), soyulmuş ve dörde bölünmüş
- 1 yemek kaşığı tatlı kırmızı biber
- iyi bir tutam safran
- 4 yemek kaşığı ince kıyılmış düz yapraklı maydanoz
- 4 levrek filetosu (toplamda yaklaşık 10½ oz / 300 g), derisi alınmış, ikiye bölünmüş
- 14 midye (toplamda yaklaşık 8 oz / 220 g)
- 15 istiridye (toplamda yaklaşık 4½ oz / 140 g)
- 10 kaplan karidesi (toplamda yaklaşık 220 g), kabuklarında veya soyulmuş ve ayrılmış
- 3 yemek kaşığı arak, uzo veya Pernod
- 2 çay kaşığı kıyılmış tarhun (isteğe bağlı)
- tuz ve taze çekilmiş karabiber

TALİMATLAR:

a) Zeytinyağını ve sarımsağı geniş, alçak kenarlı bir tavaya koyun ve orta ateşte, sarımsakları renklendirmeden 2 dakika pişirin. Rezene ve patatesi karıştırın ve 3 ila 4 dakika daha pişirin. Et suyunu ve korunmuş limonu ekleyin, ¼ çay kaşığı tuz ve biraz karabiber ekleyin, kaynatın, ardından kapağını kapatın ve patatesler pişene kadar 12 ila 14 dakika kısık ateşte pişirin. Şilini (eğer kullanılıyorsa), domatesleri, baharatları ve maydanozun yarısını ekleyin ve 4 ila 5 dakika daha pişirin.

b) Bu noktada, balığı haşlamak için üzerini kapatacak kadar 1¼ bardak / 300 ml su daha ekleyin ve tekrar kaynamaya getirin. Levreği ve kabuklu deniz hayvanlarını ekleyin, tavanın kapağını kapatın ve kabuklu deniz ürünleri açılıp karidesler pembeleşene kadar 3 ila 4 dakika hararetli bir şekilde kaynamaya bırakın.

c) Delikli bir kaşık kullanarak balıkları ve kabuklu deniz hayvanlarını çorbadan çıkarın. Eğer hala biraz suluysa, çorbanın birkaç dakika daha kaynatılarak azalmasına izin verin. Arakı ekleyin ve baharatın tadına bakın.

ç) Son olarak kabuklu deniz hayvanlarını ve balıkları yeniden ısıtmak için çorbaya geri koyun. Kullanıyorsanız, kalan maydanoz ve tarhun ile süsleyerek hemen servis yapın.

83. Fıstık çorbası

İÇİNDEKİLER:

- 2 yemek kaşığı kaynar su
- ¼ çay kaşığı safran iplikleri
- 1⅔ su bardağı / 200 gr kabuklu tuzsuz antep fıstığı
- 2 yemek kaşığı / 30 gr tuzsuz tereyağı
- 4 arpacık soğan, ince doğranmış (toplamda 3½ oz / 100 g)
- 1 oz / 25 gr zencefil, soyulmuş ve ince doğranmış
- 1 pırasa, ince doğranmış (1¼ su bardağı / toplam 150 gr)
- 2 çay kaşığı öğütülmüş kimyon
- 3 su bardağı / 700 ml tavuk suyu
- ⅓ su bardağı / 80 ml taze sıkılmış portakal suyu
- 1 yemek kaşığı taze sıkılmış limon suyu
- tuz ve taze çekilmiş karabiber
- ekşi krema, servis etmek için

TALİMATLAR:

a) Fırını 350°F / 180°C'ye önceden ısıtın. Kaynar suyu küçük bir fincandaki safran ipliklerinin üzerine dökün ve 30 dakika demlenmeye bırakın.

b) Antep fıstığının kabuklarını çıkarmak için, fıstıkları kaynar suda 1 dakika haşlayın, süzün ve hala sıcakken parmaklarınız arasında bastırarak kabuklarını çıkarın. Bademlerde olduğu gibi tüm kabuklar çıkmayacaktır (bu iyidir, çünkü çorbayı etkilemez), ancak kabuğun bir kısmından kurtulmak rengi iyileştirecek ve onu daha parlak bir yeşil haline getirecektir. Antep fıstıklarını fırın tepsisine yayın ve fırında 8 dakika kızartın. Çıkarın ve soğumaya bırakın.

c) Tereyağını büyük bir tencerede ısıtın ve arpacık soğanı, zencefil, pırasa, kimyon, ½ çay kaşığı tuz ve biraz karabiber ekleyin. Orta ateşte 10 dakika, sık sık karıştırarak, arpacık soğanlar tamamen yumuşayıncaya kadar soteleyin. Et suyunu ve safran sıvısının yarısını ekleyin. Tavayı kapatın, ısıyı azaltın ve çorbayı 20 dakika pişmeye bırakın.

ç) Antep fıstıklarının 1 çorba kaşığı hariç hepsini çorbanın yarısıyla birlikte geniş bir kaseye koyun. Pürüzsüz olana kadar bir el blenderi kullanarak karıştırın ve ardından bunu tencereye geri koyun. Portakal ve limon suyunu ekleyin, tekrar ısıtın ve baharatı ayarlamak için tadın.

d) Servis etmek için ayrılmış antep fıstıklarını irice doğrayın. Sıcak çorbayı kaselere aktarın ve üzerine bir kaşık ekşi krema ekleyin. Antep fıstığı serpin ve kalan safran sıvısını gezdirin.

84. Közlenmiş Patlıcan ve Mograbieh Çorbası

İÇİNDEKİLER:

- 5 küçük patlıcan (toplamda yaklaşık 2½ lb / 1,2 kg)
- kızartmak için ayçiçek yağı
- 1 soğan, dilimlenmiş (toplamda yaklaşık 1 bardak / 125 g)
- 1 yemek kaşığı kimyon tohumu, taze çekilmiş
- 1½ çay kaşığı domates salçası
- 2 büyük domates (toplamda 12 oz / 350 g), kabuğu soyulmuş ve doğranmış
- 1½ bardak / 350 ml tavuk veya sebze suyu
- 1⅔ bardak / 400 ml su
- 4 diş sarımsak, ezilmiş
- 2½ çay kaşığı şeker
- 2 yemek kaşığı taze sıkılmış limon suyu
- ⅓ fincan / 100 g mograbieh veya maftoul, fregola veya dev kuskus gibi alternatifler (Kuskus bölümüne bakın)
- İsteğe göre 2 yemek kaşığı kıyılmış fesleğen veya 1 yemek kaşığı kıyılmış dereotu
- tuz ve taze çekilmiş karabiber

TALİMATLAR:

a) Patlıcanlardan üçünü yakarak başlayın. Bunu yapmak için Sarımsaklı, limonlu ve nar taneli yanık patlıcan talimatlarını izleyin.

b) Kalan patlıcanları ⅔ inç / 1,5 cm'lik zarlar halinde kesin. Yaklaşık ⅔ bardak / 150 ml yağı büyük bir tencerede orta-yüksek ateşte ısıtın. Sıcakken patlıcan zarlarını ekleyin. Sık sık karıştırarak, her yeri renklenene kadar 10 ila 15 dakika kızartın; Gerekirse biraz daha yağ ekleyin, böylece tavada her zaman bir miktar yağ kalır. Patlıcanı çıkarın, süzülmesi için bir kevgir içine koyun ve üzerine tuz serpin.

c) Tavada yaklaşık 1 yemek kaşığı yağın kaldığından emin olun, ardından soğanı ve kimyonu ekleyin ve sık sık karıştırarak yaklaşık 7 dakika soteleyin. Domates salçasını ekleyin ve bir dakika daha pişirin, ardından domatesleri, et suyunu, suyu, sarımsağı, şekeri, limon suyunu, 1½ çay kaşığı tuzu ve biraz karabiberi ekleyin. 15 dakika boyunca yavaşça pişirin.

ç) Bu arada küçük bir tencerede tuzlu suyu kaynatın ve mograbieh veya alternatifini ekleyin. Al dente'ye kadar pişirin; bu markaya göre değişir ancak 15 ila 18 dakika sürer (paketi kontrol edin). Süzüp soğuk su altında yenileyin.

d) Yanmış patlıcan etini çorbaya aktarın ve el blenderi ile pürüzsüz bir sıvı haline gelinceye kadar çırpın. Mograbieh'i ve kızartılmış patlıcanı ekleyin, bir kısmını süslemek için sonda bırakın ve 2 dakika daha pişirin. Baharatı tadın ve ayarlayın. Üzerine ayrılmış mograbieh ve kızarmış patlıcanla sıcak olarak servis yapın ve isterseniz fesleğen veya dereotu ile süsleyin.

85.Domates ve ekşi maya çorbası

İÇİNDEKİLER:

- 2 yemek kaşığı zeytinyağı, artı bitirmek için ekstra
- 1 büyük soğan, doğranmış (1⅔ su bardağı / toplam 250 gr)
- 1 çay kaşığı kimyon tohumu
- 2 diş sarımsak, ezilmiş
- 3 su bardağı / 750 ml sebze suyu
- 4 büyük olgun domates, doğranmış (4 su bardağı / toplam 650 gr)
- bir adet 14 oz / 400g konserve doğranmış İtalyan domatesi
- 1 yemek kaşığı ince şeker
- 1 dilim ekşi mayalı ekmek (toplamda 1½ oz / 40 g)
- 2 yemek kaşığı kıyılmış kişniş ve bitirmek için ekstra
- tuz ve taze çekilmiş karabiber

TALİMATLAR:

a) Yağı orta boy bir tencerede ısıtın ve soğanı ekleyin. Soğan yarı saydam oluncaya kadar sık sık karıştırarak yaklaşık 5 dakika soteleyin. Kimyon ve sarımsağı ekleyip 2 dakika kavurun. Her iki domates türünü, şekeri, 1 çay kaşığı tuzu ve iyice öğütülmüş karabiberi et suyuna dökün.

b) Çorbayı hafif kaynama noktasına getirin ve 20 dakika pişirin, pişirme işleminin yarısında parçalara ayrılmış ekmeği ekleyin.

c) Son olarak kişnişi ekleyin ve ardından bir blender kullanarak birkaç atışta karıştırın, böylece domatesler parçalanır ancak yine de biraz kaba ve tıknaz kalır. Çorba oldukça kalın olmalı; Bu noktada çok koyu olursa biraz su ekleyin. Üzerine yağ gezdirip taze kişniş serperek servis yapın.

86.Knaidlachlı temiz tavuk çorbası

İÇİNDEKİLER:
- 1 serbest gezinen tavuk, yaklaşık 4½ lb / 2 kg, dörde bölünmüş, tüm kemikleri, ayrıca alabilirseniz sakatatları ve kasaptan alabileceğiniz ekstra kanat veya kemikler
- 1½ çay kaşığı ayçiçek yağı
- 1 bardak / 250 ml sek beyaz şarap
- 2 havuç, soyulmuş ve ¾ inç / 2 cm dilimler halinde kesilmiş (toplamda 2 bardak / 250 g)
- 4 kereviz sapı (toplamda yaklaşık 10½ oz / 300 g), 2½ inç / 6 cm'lik parçalar halinde kesilmiş
- 2 orta boy soğan (toplamda yaklaşık 350 g), 8 dilime kesilmiş
- 1 büyük şalgam (7 oz / 200 g), soyulmuş, kesilmiş ve 8 parçaya bölünmüş
- 2 oz / 50 gr demet düz yapraklı maydanoz
- 2 oz / 50 gr demet kişniş
- 5 dal kekik
- 1 küçük biberiye dalı
- ¾ oz / 20 g dereotu, ayrıca süslemek için ekstra
- 3 defne yaprağı
- 3½ oz / 100 gr taze zencefil, ince dilimlenmiş
- 20 adet karabiber
- 5 yenibahar meyvesi
- tuz

KNAIDLACH
- 2 ekstra büyük yumurta
- 2½ yemek kaşığı / 40 gr margarin veya tavuk yağı, eritilmiş ve biraz soğumaya bırakılmış
- 2 yemek kaşığı ince kıyılmış düz yapraklı maydanoz
- ⅔ bardak / 75 gr matzo unu
- 4 yemek kaşığı soda
- tuz ve taze çekilmiş karabiber

TALİMATLAR:
a) Knaidlach'ı yapmak için yumurtaları orta boy bir kasede köpürene kadar çırpın. Eritilmiş margarini, ardından ½ çay kaşığı tuzu, biraz karabiberi ve maydanozu çırpın. Yavaş yavaş matzo unu ve ardından soda suyunu ilave edin ve homojen bir macun elde edinceye kadar

karıştırın. Kaseyi kapatın ve hamuru soğuyuncaya ve sertleşinceye kadar, en az bir veya iki saat ve 1 gün öncesine kadar soğutun.
b) Bir fırın tepsisini plastik ambalajla hizalayın. Islak elleriniz ve bir kaşık kullanarak hamurdan küçük ceviz büyüklüğünde toplar yapın ve fırın tepsisine dizin.
c) Matzo toplarını hafifçe kaynayan tuzlu suyla dolu büyük bir tencereye bırakın. Kısmen bir kapakla örtün ve ısıyı en aza indirin. Yaklaşık 30 dakika yumuşayana kadar yavaşça pişirin.
ç) Delikli bir kaşık kullanarak knaidlach'ı soğuyabilecekleri temiz bir fırın tepsisine aktarın ve ardından bir güne kadar soğutulun. Veya doğrudan sıcak çorbaya girebilirler.
d) Çorba için tavuğun fazla yağını alın ve atın. Yağı çok büyük bir tencereye veya Hollandalı fırına dökün ve tavuk parçalarını yüksek ateşte her taraftan 3 ila 4 dakika kızartın. Tavayı çıkarın, yağı atın ve tavayı silin.
e) Şarabı ekleyin ve bir dakika kadar köpürmesini bekleyin. Tavuğu geri koyun, üzerini suyla örtün ve çok hafif bir kaynamaya getirin. Yaklaşık 10 dakika kadar kaynatıp köpüğü süzün.
f) Havuç, kereviz, soğan ve şalgamı ekleyin. Tüm otları ip ile bir demet halinde bağlayın ve tencereye ekleyin. Defne yaprağını, zencefili, karabiberi, yenibaharı ve 1½ çay kaşığı tuzu ekleyin ve ardından her şeyi iyice kaplayacak kadar su dökün.
g) Çorbayı çok hafif bir kaynama noktasına getirin ve 1½ saat pişirin, arada sırada yağını alın ve her şeyin iyice kaplanmasını sağlamak için gerektiği kadar su ekleyin. Tavuğu çorbadan çıkarın ve eti kemiklerinden çıkarın. Eti nemli tutmak için biraz et suyuyla birlikte bir kasede saklayın ve buzdolabında saklayın; başka bir kullanım için ayırın.
ğ) Kemikleri tencereye geri koyun ve bir saat daha pişirin, kemikleri ve sebzeleri kaplayacak kadar su ekleyin. Sıcak çorbayı süzün ve otları, sebzeleri ve kemikleri atın. Pişmiş knaidlach'ı çorbada ısıtın.
h) Sıcak olduklarında çorbayı ve knaidlach'ı dereotu serpilmiş sığ kaselerde servis edin.

87.Köfte ile baharatlı freekeh çorbası

İÇİNDEKİLER:

- 14 oz / 400 gr kıyma, kuzu eti veya her ikisinin kombinasyonu
- 1 küçük soğan (toplamda 5 oz / 150 g), ince doğranmış
- 2 yemek kaşığı ince kıyılmış düz yapraklı maydanoz
- ½ çay kaşığı öğütülmüş yenibahar
- ¼ çay kaşığı öğütülmüş tarçın
- 3 yemek kaşığı çok amaçlı un
- 2 yemek kaşığı zeytinyağı
- tuz ve taze çekilmiş karabiber
- ÇORBA
- 2 yemek kaşığı zeytinyağı
- 1 büyük soğan (toplamda 9 oz / 250 g), doğranmış
- 3 diş sarımsak, ezilmiş
- 2 havuç (toplamda 9 oz / 250 g), soyulmuş ve ⅜ inç / 1 cm küpler halinde kesilmiş
- 2 kereviz sapı (toplamda 5 oz / 150 g), ⅜ inç / 1 cm'lik küpler halinde kesilmiş
- 3 büyük domates (toplamda 12 oz / 350 g), doğranmış
- 2½ yemek kaşığı / 40 gr domates salçası
- 1 yemek kaşığı baharat karışımı (mağazadan satın alındı veya tarife bakın)
- 1 yemek kaşığı öğütülmüş kişniş
- 1 tarçın çubuğu
- 1 yemek kaşığı ince şeker
- 1 su bardağı / 150 gr kırık freekeh
- 2 su bardağı / 500 ml et suyu
- 2 su bardağı / 500 ml tavuk suyu
- 3¼ su bardağı / 800 ml sıcak su
- ⅓ oz / 10 gr kişniş, doğranmış
- 1 limon, 6 dilime bölünmüş

TALİMATLAR:

a) Köftelerle başlayın. Büyük bir kapta eti, soğanı, maydanozu, yenibaharı, tarçını, ½ çay kaşığı tuzu ve ¼ çay kaşığı biberi karıştırın. Ellerinizi kullanarak iyice karıştırın, ardından karışımdan pinpon büyüklüğünde toplar yapın ve bunları unun içinde yuvarlayın; yaklaşık 15 tane elde edeceksiniz. Zeytinyağını büyük bir Hollanda fırınında

ısıtın ve köfteleri orta ateşte her tarafı altın rengi kahverengi olana kadar birkaç dakika kızartın. Köfteleri çıkarın ve bir kenara koyun.
b) Tavayı kağıt havluyla silin ve çorba için zeytinyağını ekleyin. Orta ateşte soğanı ve sarımsağı 5 dakika kavurun. Havuç ve kerevizi ekleyip 2 dakika pişirin. Domatesleri, salçayı, baharatları, şekeri, 2 çay kaşığı tuzu ve ½ çay kaşığı biberi ekleyip 1 dakika daha pişirin. Freekeh'i karıştırın ve 2 ila 3 dakika pişirin. Et suyunu, sıcak suyu ve köfteleri ekleyin. Kaynatın, ısıyı azaltın ve ara sıra karıştırarak, freekeh dolgun ve yumuşak hale gelinceye kadar 35 ila 45 dakika daha çok yavaşça pişirin. Çorba oldukça kalın olmalı. Gerektiğinde biraz su azaltın veya ekleyin. Son olarak baharatı tadın ve ayarlayın.
c) Sıcak çorbayı servis kaselerine alın ve üzerine kişniş serpin. Yanında limon dilimlerini servis edin.

TATLI

88.Hurmalı Mamul

İÇİNDEKİLER:
HAMUR İÇİN:
- 3 su bardağı irmik
- 1 fincan çok amaçlı un
- 1 su bardağı tuzsuz tereyağı, eritilmiş
- 1/2 su bardağı toz şeker
- 1/4 bardak gül suyu veya portakal çiçeği suyu
- 1/4 su bardağı süt
- 1 çay kaşığı kabartma tozu

TARİH DOLDURMAK İÇİN:
- 2 su bardağı çekirdeği çıkarılmış hurma, doğranmış
- 1/2 su bardağı su
- 1 yemek kaşığı tereyağı
- 1 çay kaşığı öğütülmüş tarçın

TOZ ALMA İÇİN (İSTEĞE BAĞLI):
- Üzeri için pudra şekeri

TALİMATLAR:
TARİH DOLDURMA:
a) Bir tencerede doğranmış hurma, su, tereyağı ve tarçını birleştirin.
b) Hurmalar yumuşayana ve karışım macun benzeri bir kıvama gelinceye kadar sürekli karıştırarak orta ateşte pişirin.
c) Isıdan çıkarın ve soğumaya bırakın.

MAMUL HAMUR:
ç) Büyük bir karıştırma kabında irmik, çok amaçlı un ve kabartma tozunu birleştirin.
d) Unlu karışıma eritilmiş tereyağını ekleyip iyice karıştırın.
e) Ayrı bir kapta şekeri, gül suyunu (veya portakal çiçeği suyunu) ve sütü birleştirin. Şeker eriyene kadar karıştırın.
f) Sıvı karışımı unlu karışıma ekleyip pürüzsüz bir hamur elde edene kadar yoğurun. Hamur çok cıvık olursa biraz daha eritilmiş tereyağı veya süt ekleyebilirsiniz.
g) Hamurun üzerini örtüp yaklaşık 30 dakika ila bir saat kadar dinlenmeye bırakın.
ğ) **MAMOUL ÇEREZLERİNİN MONTAJI:**
h) Fırınınızı önceden 350°F (175°C) ısıtın.
ı) Hamurdan küçük bir parça alıp top haline getirin. Topu elinizde düzleştirin ve ortasına az miktarda hurma dolgusunu yerleştirin.

i) Dolguyu hamurla kaplayın, pürüzsüz bir top veya kubbe şekline getirin. Elinizde varsa Mamoul kalıplarını dekorasyon amaçlı kullanabilirsiniz.
j) Doldurulmuş kurabiyeleri parşömen kağıdıyla kaplı bir fırın tepsisine yerleştirin.
k) 15-20 dakika veya altları altın rengi kahverengi olana kadar pişirin. Üst kısımların rengi çok fazla değişmeyebilir.
l) Tamamen soğumaları için tel rafa aktarmadan önce kurabiyelerin fırın tepsisinde birkaç dakika soğumasını bekleyin.

İSTEĞE BAĞLI TOZLANMA:
m) Mamoul kurabiyeleri tamamen soğuduktan sonra üzerlerine pudra şekeri serpebilirsiniz.

89. Suriye Namora

İÇİNDEKİLER:

- 200 gr Tereyağı (eritilmiş)
- 225g Şeker
- 3 Su Bardağı (500g) Yoğurt
- 3 Su Bardağı (600g) İrmik (2,5 Su Bardağı İri İrmik ve 0,5 Su Bardağı İnce İrmik)
- 3 yemek kaşığı Hindistan cevizi (ince kurutulmuş)
- 2 çay kaşığı Kabartma tozu
- 1 yemek kaşığı Gül Suyu veya Portakal Çiçeği Şeker Şurubu

TALİMATLAR:
ŞEKER ŞURUBU:

a) Bir tencerede 1 su bardağı şekeri, ½ su bardağı suyu ve 1 çay kaşığı limon suyunu birleştirin.
b) Karışımı orta ateşte 5 ila 7 dakika kaynatın, ardından soğumaya bırakın.

Ne yapıyorsun?

c) Eritilmiş tereyağı ve şekeri karıştırın, iyice birleşene kadar çırpın.
ç) Karışıma yoğurt ekleyin ve tamamen karışana kadar tekrar çırpın.
d) Hem kaba hem de ince irmiği, kabartma tozunu, hindistan cevizini ve gül suyunu karıştırın. Pürüzsüz bir hamur elde edene kadar karıştırın.
e) Hamuru kek kalıplarına dökün. İsteğe bağlı olarak kekleri badem pullarıyla süsleyin.
f) Hamuru önceden ısıtılmış 180 derecelik fırında 15 ila 20 dakika veya altın rengi kahverengi olana kadar pişirin.
g) Kekler fırındayken şeker şerbetini hazırlayın.
ğ) Kekler piştikten sonra henüz sıcakken üzerine şekerli şerbeti dökün. Bu onları nemli ve lezzetli yapacaktır.

90.Suriye Hurmalı Brownie

İÇİNDEKİLER:

TARİH YAPIŞTIRMASI İÇİN:
- 2 bardak çekirdeği çıkarılmış hurma, tercihen Medjool
- 1/2 su bardağı su
- 1 çay kaşığı limon suyu

BROWNİE HAMURU İÇİN:
- 1/2 su bardağı tuzsuz tereyağı, eritilmiş
- 1 su bardağı toz şeker
- 2 büyük yumurta
- 1 çay kaşığı vanilya özü
- 1/2 bardak çok amaçlı un
- 1/3 su bardağı şekersiz kakao tozu
- 1/4 çay kaşığı kabartma tozu
- 1/4 çay kaşığı tuz
- İsteğe göre 1/2 su bardağı kıyılmış fındık (ceviz veya badem)

TALİMATLAR:
TARİH YAPIŞTIRMA:
a) Küçük bir tencerede çekirdekleri çıkarılmış hurmaları ve suyu birleştirin.
b) Orta ateşte kaynamaya bırakın ve yaklaşık 5-7 dakika, ya da tarihler yumuşayıncaya kadar pişirin.
c) Isıdan çıkarın ve hafifçe soğumasını bekleyin.
ç) Yumuşatılmış hurmaları mutfak robotuna aktarın, limon suyunu ekleyin ve pürüzsüz bir macun elde edene kadar karıştırın. Bir kenara koyun.

BROWNİE HAMURU:
d) Fırınınızı önceden 350°F (175°C) ısıtın. Bir fırın tepsisini yağlayın ve parşömen kağıdıyla hizalayın.
e) Büyük bir karıştırma kabında eritilmiş tereyağı ve şekeri iyice birleşene kadar çırpın.
f) Yumurtaları teker teker ekleyin ve her eklemeden sonra iyice çırpın. Vanilya ekstraktını karıştırın.
g) Ayrı bir kapta un, kakao tozu, kabartma tozu ve tuzu birlikte eleyin.
ğ) Kuru malzemeleri yavaş yavaş ıslak malzemelere ekleyin ve birleşene kadar karıştırın.
h) Hurma ezmesini ve kıyılmış fındıkları (eğer kullanılıyorsa) brownie hamurunun içine eşit şekilde dağılana kadar katlayın.
ı) Hazırlanan fırın tepsisine hamuru dökün ve eşit şekilde dağıtın.
i) Önceden ısıtılmış fırında 25-30 dakika veya ortasına batırdığınız kürdanda birkaç nemli kırıntı çıkana kadar pişirin.
j) Brownie'leri kareler halinde kesmeden önce tavada tamamen soğumasını bekleyin.
k) İsteğe bağlı: Soğutulmuş brownilerin üzerine dekorasyon için kakao tozu veya pudra şekeri serpin.

91. baklava

İÇİNDEKİLER:

- 1 paket yufka hamuru
- 1 su bardağı tuzsuz tereyağı, eritilmiş
- 2 su bardağı karışık kuruyemiş (ceviz, antep fıstığı), ince doğranmış
- 1 su bardağı toz şeker
- 1 çay kaşığı öğütülmüş tarçın
- 1 bardak bal
- 1/4 su bardağı su
- 1 çay kaşığı gül suyu (isteğe bağlı)

TALİMATLAR:

a) Fırını önceden 350°F'ye (175°C) ısıtın.
b) Bir kapta kıyılmış fındıkları şeker ve tarçınla karıştırın.
c) Yağlanmış bir fırın tepsisine bir parça yufka hamuru koyun, üzerine eritilmiş tereyağı sürün ve yaklaşık 10 kat boyunca tekrarlayın.
ç) Yufkanın üzerine fındık karışımından bir kat serpin.
d) Malzemeleriniz bitene kadar yufka ve fındıkları katmanlamaya devam edin ve üst yufka tabakasıyla bitirin.
e) Keskin bir bıçak kullanarak baklavayı baklava veya kare şeklinde kesin.
f) 45-50 dakika veya altın rengi kahverengi olana kadar pişirin.
g) Baklava pişerken bal, su ve gül suyunu (kullanıyorsanız) bir tencerede kısık ateşte ısıtın.
ğ) Baklava piştikten sonra sıcak bal karışımını hemen üzerine dökün.
h) Servis etmeden önce baklavanın soğumasını bekleyin.

92.Halawet el Jibn (Suriye Tatlı Peynirli Rulolar)

İÇİNDEKİLER:
- 1 su bardağı ricotta peyniri
- 1 bardak irmik
- 1/2 su bardağı şeker
- 1/4 su bardağı tuzsuz tereyağı
- 1 bardak süt
- 1 yemek kaşığı portakal çiçeği suyu
- Garnitür için beyazlatılmış badem
- Yuvarlamak için rendelenmiş yufka hamuru

TALİMATLAR:
a) Bir tencerede ricotta peyniri, irmik, şeker, tereyağı ve sütü birleştirin.
b) Orta ateşte, sürekli karıştırarak, karışım koyulaşana kadar pişirin.
c) Ateşten alın ve portakal çiçeği suyuyla karıştırın.
ç) Karışımı soğumaya bırakın.
d) Karışımdan küçük porsiyonlar alın ve rendelenmiş yufkanın içine küçük rulolar halinde sarın.
e) Beyazlatılmış bademlerle süsleyin.
f) Bu tatlı peynirli ruloları enfes bir tatlı olarak veya kahvaltınızın yanında servis edin.

93.Basbusa (İrmik Kek)

İÇİNDEKİLER:
- 1 bardak irmik
- 1 su bardağı toz şeker
- 1 su bardağı sade yoğurt
- 1/2 su bardağı tuzsuz tereyağı, eritilmiş
- 1 çay kaşığı kabartma tozu
- 1/4 su bardağı kurutulmuş hindistan cevizi (isteğe bağlı)
- Garnitür için 1/4 bardak beyazlatılmış badem veya çam fıstığı
- Şurup:
- 1 su bardağı toz şeker
- 1/2 su bardağı su
- 1 yemek kaşığı gül suyu
- 1 yemek kaşığı portakal çiçeği suyu

TALİMATLAR:
a) Fırını önceden 350°F'ye (175°C) ısıtın.
b) Bir kapta irmik, şeker, yoğurt, eritilmiş tereyağı, kabartma tozu ve kurutulmuş hindistan cevizini iyice birleşene kadar karıştırın.
c) Yağlanmış fırın tepsisine hamuru dökün.
ç) Yüzeyi bir spatula ile düzeltin ve elmas şeklinde kesin.
d) Her elmasın ortasına bir badem veya çam fıstığı yerleştirin.
e) 30-35 dakika veya altın rengi kahverengi olana kadar pişirin.
f) Kek pişerken şeker ve suyu şeker eriyene kadar kaynatıp şerbeti hazırlayın.
g) Ocaktan alıp gül suyu ve portakal çiçeği suyunu ekleyin.
ğ) Kek piştikten sonra henüz sıcakken şerbeti üzerine dökün.
h) Servis yapmadan önce basbousa'nın şurubu emmesine izin verin.

94.Znoud El Sit (Suriye Kremalı Börek)

İÇİNDEKİLER:
- 10 yaprak yufka hamuru
- 1 bardak ağır krema
- 1/4 su bardağı toz şeker
- 1 çay kaşığı gül suyu
- Kızartmak için bitkisel yağ
- Basit şurup (1 su bardağı şeker, 1/2 su bardağı su, 1 çay kaşığı limon suyu, şurup kıvamına gelinceye kadar kaynatılır)

TALİMATLAR:
a) Bir kapta kremayı şeker ve gül suyuyla sert tepecikler oluşana kadar çırpın.
b) Yufka sayfalarını dikdörtgenler halinde kesin (yaklaşık 4x8 inç).
c) Her dikdörtgenin bir ucuna bir çorba kaşığı krem şanti koyun.
ç) Kenarlarını kremanın üzerine katlayıp puro gibi yuvarlayın.
d) Bitkisel yağı derin bir tavada ısıtın ve hamur işlerini altın kahverengi olana kadar kızartın.
e) Kızaran hamur işlerini hazırlanan sade şerbete batırın.
f) Servis yapmadan önce znoud el sit'in soğumasını bekleyin.

95.Mafroukeh (S emolina ve Badem Tatlısı)

İÇİNDEKİLER:

- 2 su bardağı irmik
- 1 su bardağı tuzsuz tereyağı
- 1 su bardağı toz şeker
- 1 bardak tam yağlı süt
- 1 su bardağı beyazlatılmış badem, kızartılmış ve doğranmış
- Basit şurup (1 su bardağı şeker, 1/2 su bardağı su, 1 çay kaşığı portakal çiçeği suyu, şurup kıvamına gelinceye kadar kaynatılır)

TALİMATLAR:

a) Bir tavada tereyağını eritip irmiği ekleyin. Altın kahverengi olana kadar sürekli karıştırın.
b) Şekeri ekleyin ve iyice birleşene kadar karıştırmaya devam edin.
c) Topaklanmayı önlemek için karıştırırken yavaş yavaş süt ekleyin. Karışım kalınlaşana kadar pişirin.
ç) Ateşten alıp kavrulmuş ve doğranmış bademleri ekleyip karıştırın.
d) Karışımı servis tabağına alıp soğumaya bırakın.
e) Baklava şeklinde kesin ve hazırlanan sade şerbeti mafroukeh'in üzerine dökün.
f) Servis yapmadan önce şurubu çekmesine izin verin.

96.Kırmızı Biber ve Fırında Yumurta Galetteleri

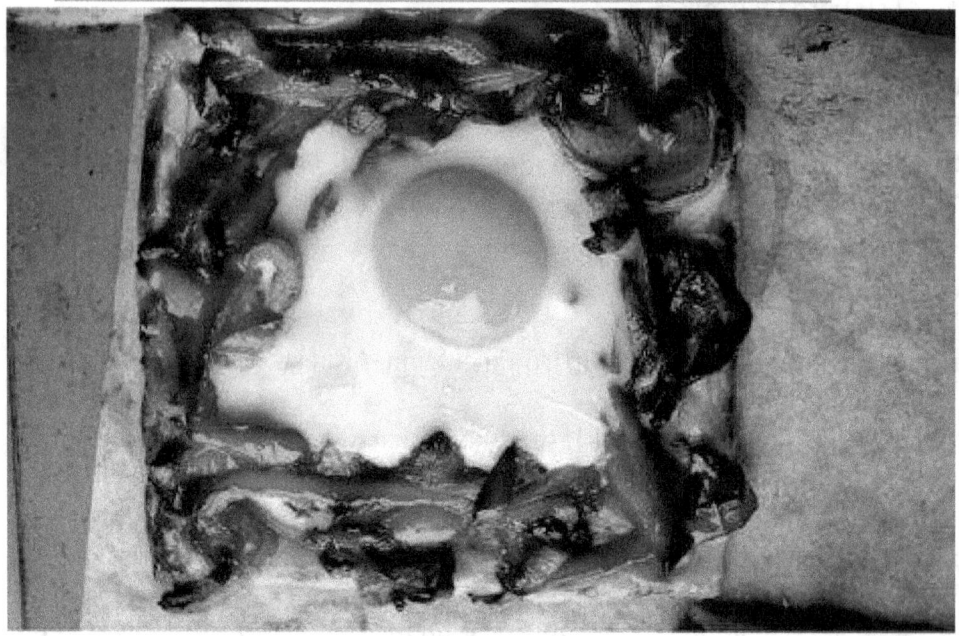

İÇİNDEKİLER:

- 4 orta boy kırmızı biber, ikiye bölünmüş, çekirdekleri çıkarılmış ve ⅜ inç / 1 cm genişliğinde şeritler halinde kesilmiş
- 3 küçük soğan, ikiye bölünmüş ve ¾ inç / 2 cm genişliğinde dilimler halinde kesilmiş
- 4 dal kekik, yaprakları toplanmış ve doğranmış
- 1½ çay kaşığı öğütülmüş kişniş
- 1½ çay kaşığı öğütülmüş kimyon
- 6 yemek kaşığı zeytinyağı, artı bitirmek için ekstra
- 1½ yemek kaşığı düz yapraklı maydanoz yaprağı, iri kıyılmış
- 1½ yemek kaşığı kişniş yaprağı, iri kıyılmış
- 9 oz / 250 g en kaliteli, tamamı tereyağlı puf böreği
- 2 yemek kaşığı / 30 gr ekşi krema
- 4 büyük serbest gezinen yumurta (veya 160 g beyaz peynir, ufalanmış) artı 1 yumurta, hafifçe dövülmüş
- tuz ve taze çekilmiş karabiber

TALİMATLAR:

a) Fırını önceden 400°F / 210°C'ye ısıtın. Büyük bir kapta biberleri, soğanları, kekik yapraklarını, öğütülmüş baharatları, zeytinyağını ve bir tutam tuzu karıştırın. Bir kızartma tavasına yayıp, pişirme sırasında birkaç kez karıştırarak 35 dakika kızartın. Sebzeler yumuşak ve tatlı olmalı, ancak fazla gevrek veya kahverengi olmamalıdır, çünkü daha fazla pişeceklerdir. Fırından çıkarın ve taze otların yarısını ekleyip karıştırın. Baharat için tadın ve bir kenara koyun. Fırını 425°F / 220°C'ye kadar açın.

b) Hafifçe unlanmış bir yüzeyde, puf hamurunu yaklaşık ⅛ inç / 3 mm kalınlığında 12 inç / 30 cm'lik bir kare halinde açın ve dört adet 6 inç / 15 cm'lik kareye kesin. Karelerin her yerine çatalla delikler açın ve yağlı kağıt serili fırın tepsisine aralıklı olarak dizin. En az 30 dakika buzdolabında dinlenmeye bırakın.

c) Hamuru buzdolabından çıkarın ve üstüne ve yanlarına çırpılmış yumurta sürün. Bir spatula veya kaşığın arkasını kullanarak, her kareye 1½ çay kaşığı ekşi krema sürün ve kenarlarda 0,5 cm'lik bir kenarlık bırakın. Ekşi krema kaplı karelerin üzerine 3 yemek kaşığı biber karışımını kenarları açık kalacak şekilde düzenleyin. Oldukça eşit bir şekilde yayılmalı, ancak daha sonra yumurtayı tutabilmek için ortada sığ bir kuyu bırakılmalıdır.

ç) Galetteleri 14 dakika pişirin. Fırın tepsisini fırından çıkarın ve her bir hamur işinin ortasındaki kuyuya bir bütün yumurtayı dikkatlice kırın. Fırına dönün ve yumurtalar pişene kadar 7 dakika daha pişirin. Karabiber ve kalan otları serpin ve üzerine yağ gezdirin. Hemen servis yapın.

97. Bitki Turtası

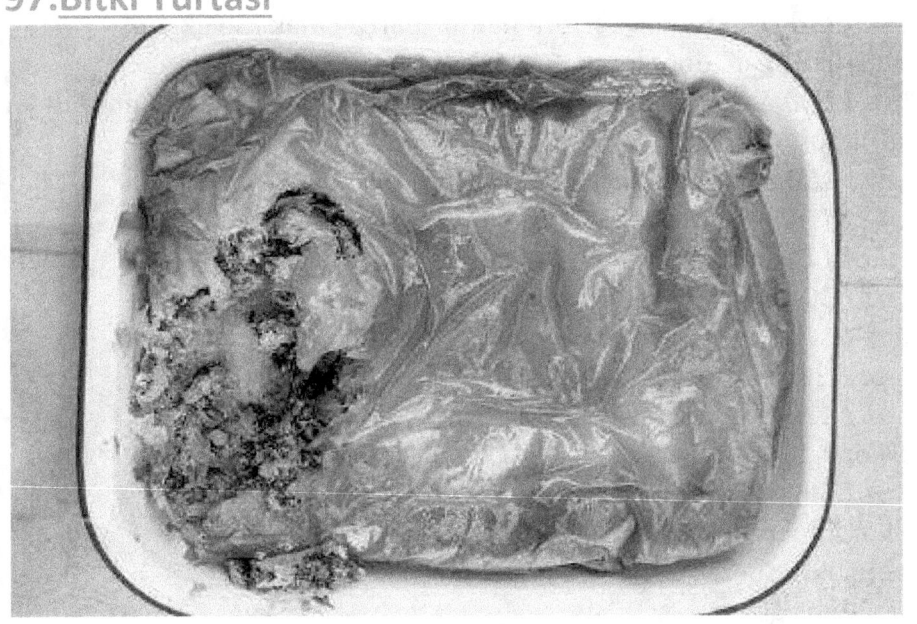

İÇİNDEKİLER:

- 2 yemek kaşığı zeytinyağı, artı hamuru fırçalamak için ekstra
- 1 büyük soğan, doğranmış
- 1 lb / 500 g İsviçre pazı, sapları ve yaprakları ince kıyılmış ancak ayrı tutulmuş
- 5 oz / 150 gr kereviz, ince dilimlenmiş
- 1¾ oz / 50 gr yeşil soğan, doğranmış
- 1¾ oz / 50 gr roka
- 1 oz / 30 gr düz yapraklı maydanoz, doğranmış
- 1 oz / 30 gr nane, doğranmış
- ¾ oz / 20 gr dereotu, doğranmış
- 4 oz / 120 gr anari veya ricotta peyniri, ufalanmış
- 3½ oz / 100 gr rendelenmiş eski kaşar peyniri
- 2 oz / 60 gr beyaz peynir, ufalanmış
- 1 limonun rendelenmiş kabuğu
- 2 büyük serbest gezinen yumurta
- ⅓ çay kaşığı tuz
- ½ çay kaşığı taze çekilmiş karabiber
- ½ çay kaşığı ince şeker
- 9 oz / 250 gr yufka

TALİMATLAR:

a) Fırını önceden 400°F / 200°C'ye ısıtın. Orta ateşteki büyük, derin bir tavaya zeytinyağını dökün. Soğanı ekleyin ve kararmadan 8 dakika soteleyin. Pazı saplarını ve kerevizi ekleyin ve ara sıra karıştırarak 4 dakika pişirmeye devam edin. Pazı yapraklarını ekleyin, ısıyı orta-yüksek seviyeye çıkarın ve yapraklar solana kadar 4 dakika karıştırarak pişirin. Yeşil soğanı, rokayı ve otları ekleyip 2 dakika daha pişirin. Ateşten alın ve soğuması için bir kevgir içine aktarın.

b) Karışım soğuduktan sonra mümkün olduğu kadar suyunu sıkın ve bir karıştırma kabına aktarın. Üç peyniri, limon kabuğu rendesini, yumurtayı, tuzu, karabiberi ve şekeri ekleyin ve iyice karıştırın.

c) Bir yufka yaprağını serin ve üzerine biraz zeytinyağı sürün. Başka bir tabakayla örtün ve yağla fırçalanmış 5 kat yufka elde edene kadar aynı şekilde devam edin; bunların tümü, 8½ inç / 22 cm'lik bir turta kalıbının yanlarını ve altını kaplayacak kadar geniş bir alanı kaplar, artı jantın üzerine asılacak ekstralar da vardır. . Pasta tabağını hamur işiyle hizalayın, bitki karışımıyla doldurun ve fazla hamuru dolgunun kenarının üzerine katlayın, hamur işini ¾ inç / 2 cm'lik bir kenarlık oluşturacak şekilde gerektiği gibi kesin.

ç) Yağla fırçalanmış 5 yufkadan oluşan bir set daha yapın ve bunları pastanın üzerine yerleştirin. Dalgalı, düzensiz bir üst kısım oluşturmak için hamur işini biraz ezin ve kenarları pastayı kaplayacak şekilde kesin. Fırçayla zeytinyağı sürün ve yufka güzel bir altın rengine dönene kadar 40 dakika pişirin. Fırından çıkarıp ılık veya oda sıcaklığında servis yapın.

98.Burekalar

İÇİNDEKİLER:

- 1 lb / 500 g en kaliteli, tamamen tereyağlı puf böreği
- 1 büyük serbest gezinen yumurta, dövülmüş

RICOTTA DOLGU
- ¼ su bardağı / 60 gr süzme peynir
- ¼ bardak / 60 gr ricotta peyniri
- ⅔ su bardağı / 90 ufalanmış beyaz peynir
- 2 çay kaşığı / 10 gr tuzsuz tereyağı, eritilmiş

PECORİNO DOLGU
- 3½ yemek kaşığı / 50 gr ricotta peyniri
- ⅔ su bardağı / 70 gr rendelenmiş eski pecorino peyniri
- ⅓ su bardağı / 50 gr rendelenmiş eski kaşar peyniri
- 1 pırasa, 2 inç / 5 cm'lik parçalar halinde kesilmiş, yumuşayana kadar beyazlatılmış ve ince doğranmış (¾ bardak / toplam 80 g)
- 1 yemek kaşığı kıyılmış düz yapraklı maydanoz
- ½ çay kaşığı taze çekilmiş karabiber

TOHUMLAR
- 1 çay kaşığı çörek otu tohumu
- 1 çay kaşığı susam
- 1 çay kaşığı sarı hardal tohumu
- 1 çay kaşığı kimyon tohumu
- ½ çay kaşığı şili gevreği

TALİMATLAR:

a) Hamuru her biri ⅛ inç / 3 mm kalınlığında 12 inç / 30 cm'lik iki kareye açın. Hamur yapraklarını parşömen kaplı bir fırın tepsisine (üst üste gelebilecek şekilde, aralarında bir parşömen kağıdı olacak şekilde) yerleştirin ve buzdolabında 1 saat bekletin.

b) Her bir dolgu malzemesi setini ayrı bir kaseye yerleştirin. Karıştırın ve bir kenara koyun. Bütün tohumları bir kapta karıştırın ve bir kenara koyun.

c) Her hamur tabakasını 4 inç / 10 cm kareler halinde kesin; Toplamda 18 kare almalısınız. İlk iç malzemeyi karelerin yarısına eşit şekilde paylaştırın ve her karenin ortasına kaşıkla dökün. Her karenin bitişik iki kenarını yumurtayla fırçalayın ve ardından kareyi ikiye katlayarak bir üçgen oluşturun. Havayı dışarı itin ve yanları sıkıca birbirine sıkıştırın. Kenarlarını çok iyi bastırmalısınız ki pişirme esnasında açılmasınlar. Kalan hamur kareleri ve ikinci dolgu ile tekrarlayın. Parşömen kaplı bir fırın tepsisine yerleştirin ve sertleşmesi için en az 15 dakika buzdolabında soğutun. Fırını önceden 425°F / 220°C'ye ısıtın.

ç) Her bir hamurun iki kısa kenarını yumurtaya sürün ve bu kenarları tohum karışımına batırın; Oldukça baskın oldukları için ihtiyaç duyulan tek şey sadece ⅙ inç / 2 mm genişliğinde küçük bir miktar tohumdur. Her bir hamur işinin üstünü de bir miktar yumurta ile yağlayın, tohumlardan kaçının.

d) Hamur işlerinin yaklaşık 1¼ inç / 3 cm aralıklı olduğundan emin olun. Her tarafı altın rengi kahverengi olana kadar 15 ila 17 dakika pişirin. Sıcak veya oda sıcaklığında servis yapın. Pişirme sırasında hamurun bir kısmı hamur işlerinden dışarı dökülürse, ellenecek kadar soğuduğunda yavaşça tekrar doldurun.

99. Garybeh

İÇİNDEKİLER:
- ¾ bardak artı 2 yemek kaşığı / 200 gr sade yağ veya sade tereyağı, buzdolabından katı olacak şekilde
- ⅔ su bardağı / 70 gr şekerleme şekeri
- 3 su bardağı / 370 gr çok amaçlı un, elenmiş
- ½ çay kaşığı tuz
- 4 çay kaşığı portakal çiçeği suyu
- 2½ çay kaşığı gül suyu
- yaklaşık 5 yemek kaşığı / 30 gr tuzsuz antep fıstığı

TALİMATLAR:
a) Çırpma aparatı takılı bir stand mikserinde, sade yağı ve şekerleme şekerini kabarık, kremsi ve soluk olana kadar 5 dakika boyunca krema haline getirin. Çırpıcıyı çırpıcı aparatıyla değiştirin, unu, tuzu, portakal çiçeğini ve gül sularını ekleyin ve düzgün, pürüzsüz bir hamur oluşana kadar 3 ila 4 dakika kadar karıştırın.

b) Hamuru plastik ambalaja sarın ve 1 saat soğutun.

c) Fırını 350°F / 180°C'ye önceden ısıtın. Yaklaşık ½ oz / 15 g ağırlığında bir hamur parçasını sıkıştırın ve avuçlarınız arasında top haline getirin. Hafifçe düzleştirin ve parşömen kağıdıyla kaplı bir fırın tepsisine yerleştirin. Hamurun geri kalanıyla aynı işlemi tekrarlayın, kurabiyeleri çizgili kağıtlara yerleştirin ve birbirinden iyice ayırın. Her kurabiyenin ortasına 1 adet fıstık bastırın.

ç) 17 dakika pişirin, kurabiyelerin renk almadığından emin olun, sadece pişirin. Fırından çıkarın ve tamamen soğumaya bırakın.

d) Çerezleri 5 güne kadar hava geçirmez bir kapta saklayın.

100. Mutabbak

İÇİNDEKİLER:

- ⅔ su bardağı / 130 gr tuzsuz tereyağı, eritilmiş
- 14 yaprak yufka, 12 x 15½ inç / 31 x 39 cm
- 2 su bardağı / 500 gr ricotta peyniri
- 9 oz / 250 gr yumuşak keçi sütü peyniri
- süslemek için ezilmiş tuzsuz antep fıstığı (isteğe bağlı)
- ŞURUP
- 6 yemek kaşığı / 90 ml su
- yuvarlak 1⅓ bardak / 280 g ince şeker
- 3 yemek kaşığı taze sıkılmış limon suyu

TALİMATLAR:

a) Fırını 450°F / 230°C'ye ısıtın. Yaklaşık 11 x 14½ inç / 28 x 37 cm sığ kenarlı bir fırın tepsisini eritilmiş tereyağının bir kısmıyla fırçalayın. Üzerine bir filo tabakası yayın, köşelere sıkıştırın ve kenarların sarkmasına izin verin. Her yerine tereyağı sürün, üzerine başka bir tabaka koyun ve tekrar tereyağı sürün. Her biri tereyağı ile yağlanmış 7 sayfa eşit şekilde istiflenene kadar işlemi tekrarlayın.

b) Ricotta ve keçi sütü peynirini bir kaseye koyun ve çatalla iyice karıştırarak ezin. Kenarlarda ¾ inç / 2 cm boşluk kalacak şekilde üst yufkanın üzerine yayın. Peynirin yüzeyini tereyağıyla fırçalayın ve kalan 7 yufkayı üzerine sırayla tereyağı sürün.

c) Kenardan yaklaşık ¾ inç / 2 cm kadar kesmek için makas kullanın, ancak peynire ulaşmadan, böylece hamur işinin içinde iyice sızdırmaz hale gelir. Düzgün bir kenar elde etmek için parmaklarınızı kullanarak yufka kenarlarını hamurun altına hafifçe sokun. Her yerine daha fazla tereyağı sürün. Keskin bir bıçak kullanarak yüzeyi kabaca 2¾ inç / 7 cm'lik kareler halinde kesin; bıçağın neredeyse dibe ulaşmasını sağlayın, ancak tam olarak ulaşmasını sağlayın. Altın ve gevrek olana kadar 25 ila 27 dakika pişirin.

ç) Börek pişerken şerbeti hazırlayın. Küçük bir tencereye su ve şekeri koyup tahta kaşıkla iyice karıştırın. Orta ateşte koyun, kaynatın, limon suyunu ekleyin ve 2 dakika yavaşça pişirin. Isıdan çıkarın.

d) Fırından çıkardığınız anda şerbeti yavaşça hamurun üzerine dökün, eşit şekilde emildiğinden emin olun. 10 dakika soğumaya bırakın. Kullanıyorsanız ezilmiş antep fıstığı serpin ve porsiyonlara bölün.

ÇÖZÜM

"Suriye Mutfağı: Şam'dan Otantik Tarifler" başlıklı yolculuğumuzu tamamlarken, Suriye mutfağının canlı ve çeşitli lezzetlerini keşfetme deneyiminden keyif aldığınızı umuyoruz. Bu tarifler bir yemek koleksiyonundan çok daha fazlasıdır; Şam'ın mutfak manzarasını şekillendiren kültürü, tarihi ve gelenekleri anlamaya açılan bir kapıdırlar.

Bu tarifleri denemeye devam etmenizi, kendi dokunuşlarınızı ve dokunuşlarınızı ekleyerek bunları benzersiz bir şekilde kendinize ait hale getirmenizi öneririz. Bu yemekleri arkadaşlarınızla ve ailenizle paylaşın ve Suriye baharatlarının aromasının evinizi doldurmasına izin vererek yemek masasında kalıcı anılar yaratın.

Bu yemekleri pişirmenin ve paylaşmanın verdiği keyifle, Suriye kültürünün zengin dokusuna daha derin bir takdir kazandırmayı umuyoruz. Bu mutfak yolculuğunda bize katıldığınız için teşekkür ederiz, mutfağınız her zaman Şam'ın sıcaklığı ve lezzetleriyle dolsun.

www.ingramcontent.com/pod-product-compliance
Lightning Source LLC
Chambersburg PA
CBHW050147130526
44591CB00033B/856